Puppen bauen
mit der Augsburger Puppenkiste

Reportage & Schritt-für-Schritt-Workshop

INHALTSVERZEICHNIS

VORWORT 4

WORKSHOP 6
   So wird's gemacht 8
   Hotzenplotz & Petrosilius Zwackelmann 12
   Vogelscheuche 16
   Sockendrache Trief Aug 22
   Papiertheater So Hi und das weiße Pferd 26
   Teufelsmaske Pluto 32
   Teufelshandschuhe mit Klauen 38
   Rabe Abraxas 42
   Flaschengeist Dschinni 46
   Blechbüchsensoldat 52
   Tütenkasper Kicherländer 60
   Jim Knopf und Lukas der Lokomotivführer 66
   Lokomotive Emma 72
   Schneemann 76

Kasperl und Seppel	82
Schlupp	86
Zwerg Nase-Mobile	92
Dergl	98
Das kleine Gespenst	104
REPORTAGE	108
Puppenbau professionell	110
VORLAGEN	116
Impressum	132

VORWORT

Ein herzliches Grüß Gott an alle,

die hier in dieses Buch hereinschauen. Ich bin der Kasperl aus der Augsburger Puppenkiste, aber wahrscheinlich kennt ihr mich eh schon, berühmt wie ich bin.

Das Buch, das ihr in der Hand haltet, ist eine ganz tolle Sache. Nicht nur weil ich darin fast auf jeder Seite vorkomme, sondern auch weil man mich und viele andere Figuren der Puppenkiste damit nachbauen kann.

Ihr werdet jetzt bestimmt sagen: Wie? Nachbauen? Die Figuren der Puppenkiste? Ja, genau! Ihr habt richtig verstanden. Mit denen könnt ihr dann daheim die tollen Abenteuer, die ihr vom Fernsehen kennt, nachspielen. Jim Knopf, Lukas und Emma, Schlupp vom grünen Stern, die Blechbüchsensoldaten, den Räuber Hotzenplotz und den bösen Zauberer Zwackelmann und noch viele andere. Prima, oder?

Unsere Puppenspieler erklären euch ganz genau, wie man uns nachbasteln kann. Ich fand's zwar manchmal ein bisschen knifflig – die vielen Fäden, hier was abschneiden, da ein Loch bohren –, aber es hat schon auch Spaß gemacht.

Außerdem könnt ihr dem Jürgen Marschall über die Schulter schauen. Der schnitzt uns Puppen nämlich. Also, mich ja nicht, ich war ja sozusagen schon immer da. Aber die anderen Puppen, die es hier im Theater gibt, und das sind weit über 6000, die haben der Jürgen Marschall und die Hannelore Marschall-Oehmichen geschnitzt. Hier im Buch könnt ihr sehen, wie aus Lindenholz dann so ein Holzkopf wird, nein, eine Marionette natürlich muss ich sagen, hübsch, beweglich und intelligent.

Und wenn ihr mal im schönen Augsburg seid, dann kommt mich doch besuchen. Würde mich wirklich freuen, euch persönlich kennen zu lernen.

Viel Spaß beim Basteln und Spielen

Euer Kasperl

6

WORKSHOP

SO WIRD'S GEMACHT

Sicherheitshinweis

Die Puppen in diesem Buch sind den echten Marionetten der Augsburger Puppenkiste nachempfunden. Sie sind so stabil gearbeitet, dass man mit ihnen wirklich kleine Theaterstücke aufführen kann. Außerdem wurden sie von echten Puppenspielern gebaut, die genau wissen, wie eine Figur beschaffen sein muss, damit sie die „Action" auf der Bühne schadlos übersteht. Daher sind einige Arbeitsschritte bei vielen Puppen etwas aufwändiger. Es wird gesägt, Löcher werden gebohrt, Wachs wird geschmolzen, usw. Lassen Sie bitte Ihre Kinder nicht mit der Säge, dem Bohrer, der Heißklebepistole und anderem gefährlichen Werkzeug allein hantieren. Den Löwenanteil beim Puppenbau schaffen jedoch schon Grundschulkinder. Am besten werkeln also Erwachsene und Kinder zusammen.

Vorbereitungen

Bevor du mit dem Puppenbau beginnst, deckst du deinen Arbeitsplatz mit alten Zeitungen, einer alten Wachstuchtischdecke oder einer anderen Unterlage ab. So ist der Tisch, an dem du arbeitest, vor Flecken, Kratzern und mehr geschützt. Auch ist es nützlich, wenn du nicht deinen Sonntagsstaat beim Puppenbau trägst, sondern am besten ausrangierte Kleidung, bei der es nicht schlimm ist, wenn sie Flecken abbekommt.

Vorlagen übertragen

Um Vorlagen aus dem Buch zu übertragen, gibt es verschiedene Möglichkeiten: Du legst Transparentpapier auf die Vorlage und paust sie ab. Dann das Transparentpapier auf Karton kleben und entlang der Umrisse ausschneiden. Oder du machst mit dem Fotokopierer eine Kopie von der Vorlage, klebst diese auf Karton und schneidest sie entlang der Konturen aus. So hast du Schablonen, die du auf Papier, Pappe, Filz, Stoff o. Ä. legst und mit einem Stift umfährst. Dann kannst du die Figurenteile ausschneiden.

Eine andere Möglichkeit, die Vorlagenumrisse auf Papier und Pappe zu bringen, ist es, Blaupapier auf das entsprechende Material zu legen und darüber die Kopie der Vorlage. Dann einfach mit Bleistift oder Kugelschreiber die Linien nachziehen.

WERKZEUGE UND HILFSMITTEL

Diese Dinge werden oft benötigt, deshalb solltest du sie zur Hand haben.

- Bleistift
- Radiergummi
- Transparentpapier (auch Architektenpapier genannt) und Pappe (um Vorlagen mit Schablonen zu übertragen)
- Kohlepapier (zum Durchpausen von Vorlagen)
- Schere
- Cutter mit Schneideunterlage
- Holzfeile
- Schleifpapier
- Hammer
- Nähnadel
- Lineal, Geodreieck
- Maßband
- Pinsel in verschiedenen Stärken
- Wasserglas
- Alleskleber, z. B. UHU
- Kraftkleber, Styroporkleber, Holzleim
- Akkubohrer und Holzbohrer in verschiedenen Stärken
- Schraubstock
- Stecknadeln
- Wäscheklammern
- Seitenschneider
- Zange
- Spitzzange
- Buntstift in Rot
- feiner Permanentmarker in Schwarz
- Schaschlikstäbchen
- Zahnstocher
- Vorstecher
- Lappen
- kleine Säge
- altes Küchenmesser

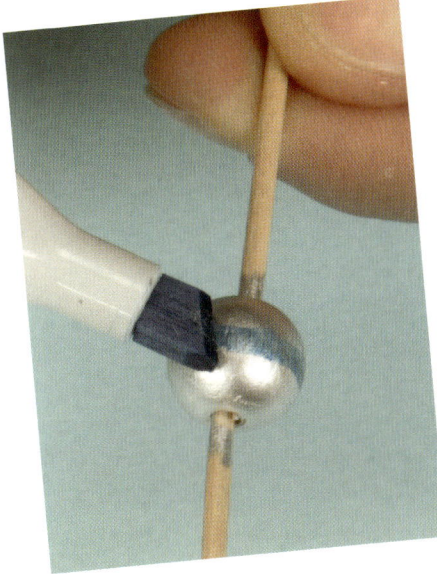

Rundes rundum bemalen

Um Holz- oder Wattekugeln oder anderes Dreidimensionales rundum gleichmäßig zu bemalen, steckst du die Teile auf einen Zahnstocher, ein Schaschlikstäbchen o. Ä. (je nach Größe). Zum Trocknen steckst du die aufgespießten Teile in einen Styroporblock oder stellst sie in ein Glas oder einen Becher. Gut geeignet sind auch Ziegelsteine mit Löchern oder du klemmst den Spieß zwischen zwei Bücher, die so auf dem Tisch liegen, dass das trocknende Teil in der Luft schwebt.

Löcher in Holzteile bohren

Dazu unbedingt den Schraubstock zu Hilfe nehmen. Du spannst das Holzteil in den Schraubstock, legst aber einen alten Lappen, einen Stoffrest oder Pappstücke zwischen die Schraubstockbacken und das Teil. So bekommt das Holz keine Druckstellen. Dann erst den Bohrer ansetzen.

Ringschrauben und Schraubhaken in Holzteile drehen

Um Ringschrauben und Schraubhaken in Holzkugeln, Vierkant- oder Rundhölzer zu drehen, bohrst du mit dem Vorstecher ein kleines Loch vor. Dann die Ringschraube mithilfe einer Zange eindrehen.

Kaschiermasse

Kaschiermasse ist eine klebrige Masse, mit der du Papier- oder dünne Stoffstreifen auf Teile aufkleben und sie somit „kaschieren" kannst, das heißt, das Material des Untergrundes ist nachher nicht mehr sichtbar. So kann man Untergründe, auf denen keine Farbe haften würde, farbig gestalten. Auch ist es möglich, mit Kaschiermasse zwei Einzelteile übergangslos wieder zusammenzubringen, z. B. die Flasche, aus der der Flaschengeist kommt (Seite 46). Kaschiermasse wird aus Tapetenkleister hergestellt. Der Kleister ist in Pulverform im Handel erhältlich und wird mit Wasser angerührt. Du kannst auch noch etwas Holzleim und eine Handvoll Sägespäne mit einrühren, so wird die Masse noch klebriger und zäher.

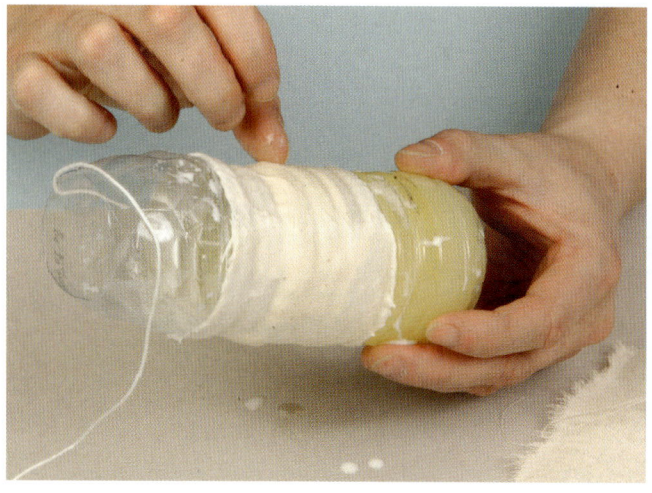

Spielkreuz

Die Spielkreuze der echten Marionetten sind größer und bestehen aus mehr Einzelteilen als die Spielkreuze der Marionetten in unserem Buch, im Prinzip haben sie aber dieselben Funktionen. Es gibt in der Regel zwei Fäden, an denen der Kopf hängt. Mit ihnen kann der Kopf zur Seite gedreht und nach oben und unten bewegt werden. An je einem Faden hängen die Füße, die an den Seitenarmen des Kreuzes befestigt werden. So kannst du durch Hin- und Herwippen das Kerlchen laufen lassen. Auch die Hände sind an je einem Faden befestigt. Indem sie nicht starr am Spielkreuz befestigt werden (siehe Schlupp, Seite 86, oder Dergl, Seite 98), ist größere Bewegungsfreiheit garantiert. Außerdem gibt es noch den Komplimentierfaden. Er ist am Rücken der Marionette befestigt, stabilisiert sie und ermöglicht es ihr, sich bei Applaus zu verbeugen. Wichtig ist auch der Aufhängehaken im Spielkreuz. So kannst du die Marionette aufgehängt aufbewahren und die Fäden verwirren sich nicht.

Einfädeln

Damit du mit dem Einfädeln klar kommst, gibt es bei den Vorlagen Zeichnungen, anhand derer du nachvollziehen kannst, welcher Faden von wo nach wo gespannt wird. Das Einfädeln ist etwas knifflig, da die Puppe schön im Lot hängen muss. Du beginnst am besten mit den tragenden Fäden, also den Kopffäden und/oder dem Komplimentierfaden. Dann befestigst du die Gliedmaßen. Gut ist es, wenn du den Faden am Spielkreuz erst mit einem Knoten festmachst, so dass du die Puppe nach und nach austarieren kannst. Danach befestigst du die Fäden mit weiteren Knoten.

Wichtiger Hinweis: Die nach diesem Buch gebauten Puppen sind nur für den privaten, nicht kommerziellen Gebrauch bestimmt.

HOTZENPLOTZ & PETROSILIUS ZWACKELMANN

Der Räuber Hotzenplotz und der Zauberer Petrosilius Zwackelmann sind schlimme Bösewichter. Sie als Hampelmänner zu bauen, geschieht ihnen gerade recht. Ein Zug am Faden und der Halunke tut, was du willst.

„Der Räuber Hotzenplotz" nach dem Roman von Otfried Preußler gehört zu den meistgespielten Stücken der Augsburger Puppenkiste. Zum ersten Mal wurde er im Jahr 1966 aufgeführt, 1967 zeigte man ihn im Fernsehen. 2006 war er schon über 850 Mal auf der Bühne in der Spitalgasse zu sehen gewesen.

1 Die Vorlage entweder mit dem Kopiergerät fotokopieren oder mithilfe von Kohlepapier auf weißes Papier übertragen. Dann nach Belieben mit Filzstiften (oder Buntstiften, Wasserfarben etc.) ausmalen.

MATERIAL PRO HAMPELMANN

- Pappe, A4
- evtl. Kohlepapier
- evtl. Papier in Weiß
- Filzstifte in verschiedenen Farben
- starker Faden in Schwarz
- Lochzange
- Klebefilm
- 2 Musterbeutelklammern

VORLAGEN SEITE 118 + 119

2 Die ausgemalten Teile auf Pappe kleben. Achtung: Die Pappe sollte nicht zu dick sein, sonst hast du es so schwer beim Ausschneiden. Jetzt die Einzelteile ausschneiden. Die Konturen mit Filzstift wieder schwarz malen.

3 Mit der Lochzange stanzt du jetzt Löcher in den Oberkörper und die Oberarme. Oberhalb der Löcher in den Armen stichst du mit dem Vorstecher kleine Löcher für die Schnur in die Arme. Mit den Musterbeutelklammern die Arme am Oberkörper befestigen. Es ist wichtig, dass die Musterbeutelklammer nicht zu fest geschlossen wird, sonst bewegen sich die Arme nicht.

„Wer hat meine Musterbeutelklammer so fest angezogen? Da bewegt sich ja gar nichts!"

4 Ein Schnurstück in den Löchern oberhalb der Musterbeutelklammern anbringen. Wichtig: Die Schnur muss ein bisschen durchhängen, also etwas Spiel haben. In der Mitte eine zweite, längere Schnur anknoten, deren Ende du zwischen zwei Kartoffelsäcke bzw. zwei Kaffeemühlen klebst.

15

Nach einer Illustration von F.J. Tripp aus:
Otfried Preußler, Der Räuber Hotzenplotz,
erschienen im Thienemann Verlag,
128 Seiten, € 9,90, ISBN 3 522 10590 7

Die Abenteuer des Räuber Hotzenplotz
kannst du nachlesen im gleichnamigen
Buch von Otfried Preußler.

VOGELSCHEUCHE

Die Vogelscheuche ist eine Figur, die man vor allem mit dem Herbst in Verbindung bringt. Zu dieser Zeit steht sie auf den Feldern und gibt sich alle Mühe, Krähen und andere geflügelte Freunde von den Feldfrüchten fernzuhalten.

In dem Buch „Der Zauberer von Oz" von Lyman Frank Baum aus dem Jahr 1900 gibt es eine Vogelscheuche, die sich nichts sehnlicher wünscht als Verstand zu haben. Auf den Abenteuern, die sie erlebt, stellt sich schnell heraus, dass sie eigentlich ein ganz verständiger Kerl ist und ihr nichts weiter fehlt als ein bisschen Selbstbewusstsein. 1975 wurde „Der Zauberer von Oz" ins Bühnenprogramm der Augsburger Puppenkiste aufgenommen.

1 In die Styroporkugel mit einer Schere ein Loch bohren, in das zwei Finger (mit dem übergezogenen Gartenhandschuh) passen. Schön vorsichtig vorgehen, damit du dir nicht weh tust.

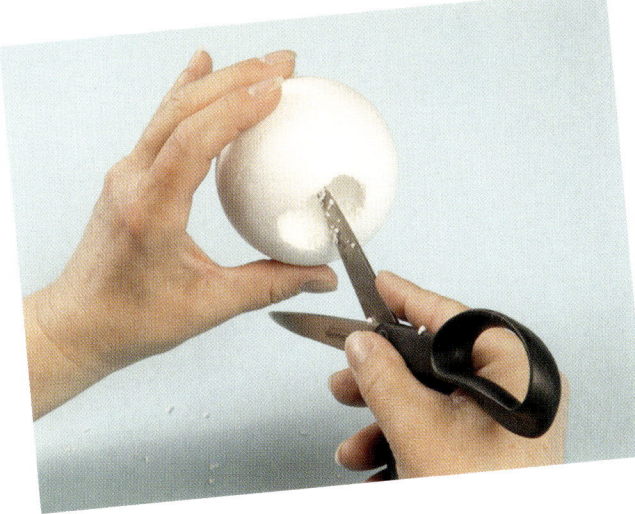

MATERIAL
- Gartenhandschuh
- Styroporkugel, ø 8 cm
- Bastmatte
- Jutestoffreste in Natur und Grün
- Zweig, ca. 20 cm lang
- Baumwollfaden in Weiß
- dicke Wolle in Rot
- 2 Pinnnadeln mit Kopf in Schwarz, ø 1 cm (Augen)
- Nähgarn in Beige und Grün
- Pappe

VORLAGEN SEITE 120

2 Einen Streifen Jute zuschneiden, der so breit wie der Kopf hoch ist und in seiner Länge dem Umfang des Kopfes entspricht (siehe Vorlagen Seite 120). Entlang der Längsseiten Zacken einschneiden. Den Streifen mit Styropor- oder Alleskleber um den Kopf kleben. Dank der Zacken kannst du den Jutestoff oben und unten faltenlos übereinander kleben, so dass vom Styropor nichts mehr zu sehen ist.

3 Die Pinnnadeln als Augen in den Kopf stecken. Ein paar Stücke aus der Bastmatte als Haare an den Kopf kleben. Aus einem Stück Jute eine Nase rollen und mit ein paar Stichen zusammenheften.

4 Die Nase an den Kopf nähen. Darunter ein Stück rote Wolle als Mund aufkleben.

5 Die Einzelteile für den Hut aus grünem Jutestoff zuschneiden, mit einigen Stichen zusammennähen und zusätzlich mit Alleskleber zusammenkleben. Gut trocknen lassen.

6 Den Hut auf den Kopf kleben. Die Krempe in Form bringen, an manchen Stellen mit Klebstoff bestreichen und mit Stecknadeln fixieren, bis der Kleber getrocknet ist.

Die Vogelscheuche kann ganz schön frech sein. Hier ärgert sie Carsten und freut sich dann mit Renate.

7 Für den Besen ein Stück aus der Bastmatte schneiden, um den Zweig legen und mit weißem Faden festbinden. Am besten lässt du dir dabei von jemandem helfen, vier Hände halten mehr als zwei. Den Faden zusätzlich noch mit Klebstoff fixieren.

8 Den Besen an zwei Stellen an den Daumen des Gartenhandschuhs nähen. Evtl. vorher den Zweig etwas kürzen, er muss in der Größe zum Handschuh passen. Gut befestigen, damit der Besen nicht vom Handschuh rutschen kann.

9 Aus Pappe eine Schablone des Handschuhs ohne Daumen und eine Schablone vom Daumen fertigen. Sie müssen in den Handschuh hineinpassen, evtl. kleiner schneiden. Dann in den Handschuh stecken. Jetzt beidseitig Bastmattenstücke am Handschuh festkleben. Die Pappschablonen verhindern, dass der Klebstoff durch den Handschuh läuft und den Handschuh innen verklebt. Gut trocknen lassen.

10 Den Kopf mit Styroporkleber auf Zeige- und Mittelfinger des Handschuhs kleben. Als Hilfsmittel kannst du je ein Rundholz oder einen Stift in den Finger stecken, während der Kleber trocknet, dann kleben die Finger nicht zusammen.

Fertig ist die Vogelscheuche! Besonders lustig ist es, wenn du aus beiden Gartenhandschuhen Vogelscheuchen bastelst. So kannst du rechts wie links Theater spielen.

Hier siehst du die Vogelscheuche mit ihren Freunden: dem Blechmann, dem Löwen, dem Mädchen Dorothy und dem Hund Toto.

SOCKENDRACHE TRIEF AUG

Der Drache Trief Aug aus der Geschichte „So Hi und das weiße Pferd" tritt seit 1961 auf der Bühne im Heilig Geist Spital auf. Seit 1981 gibt es eine Neuinszenierung des Stückes.

Der böse I Go hat das weiße Zauberpferd des Kaisers gestohlen. Der kleine Pferdeknecht Bu Tai fühlt sich schuldig und bittet den kaiserlichen Drachenhüter So Hi darum, ihm zu helfen, das Pferd wieder zurückzubringen. Der kommt auf die tolle Idee, den großen und imposanten Drachen Trief Aug auf die Räuber zu hetzen. Zum Glück wissen die Räuber nicht, dass Trief Aug zwar furchteinflößend ausschaut, in Wirklichkeit aber ganz gutmütig ist. Dementsprechend fällt es Trief Aug etwas schwer, sich mit seiner Aufgabe zu identifizieren. Denn er würde viel lieber ein Nickerchen machen, als die Räuber in Angst und Schrecken zu versetzen …

23

1 Das Maul wird mit Pappe stabilisiert. Um die Maulform abzupausen, die Socke mit dem Fußteil auf die Pappe legen. Von der Spitze bis etwa zur höchsten Stelle des Fußes (wenn der Fuß in der Socke wäre) den Umriss auf die Pappe anzeichnen. Das ist erst die Hälfte der Maulpappe; in die andere Richtung denselben Umriss aufzeichnen, die Maulpappe ausschneiden und am Mittelbruch knicken.

MATERIAL

- Socke in Grün
- Kunstfell in Grün
- Filzreste in Grün und Weiß
- Pfeifenputzer in Grün und Rot
- Pappe
- Goldborte
- Nähgarn in Grün
- dicke Kordel in Rot
- 2 durchbohrte Holzkugeln, ø 2 cm (Augen)
- Filzstift in Gelb
- Acrylfarbe in Weiß und Rot
- Sprühfarbe in Orange
- Permanentmarker in Schwarz
- Schleifenband in Rot, 1 cm breit, ca. 10 cm lang
- 2 längliche Perlen in Schwarz
- Heißklebepistole

VORLAGEN SEITE 118

2 Die Maulpappe ist so noch etwas zu groß. Rundum einen Rand von etwa 5 mm anzeichnen und die Pappe kleiner schneiden.

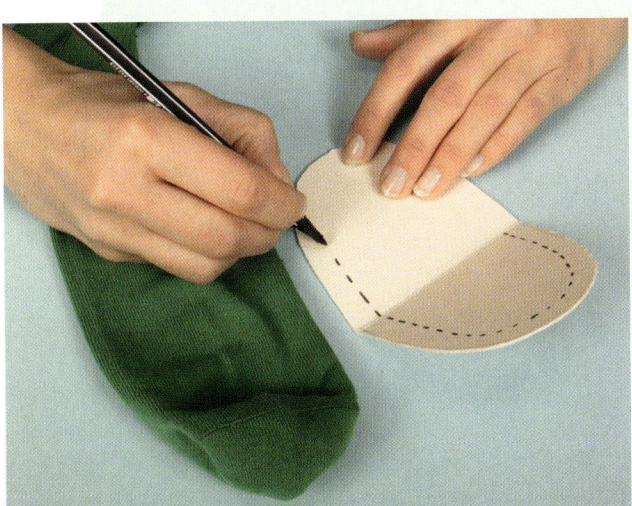

3 Die Socke von der Spitze an einschneiden. Achtung: Nicht zu weit schneiden. Die geklappte Maulpappe muss genau hineinpassen. Halte sie zur Orientierung an den Einschnitt und passe dessen Größe an die Pappe an.

4 Mit dem Heißkleber die Maulpappe in den Socken kleben. Dabei zügig und vorsichtig arbeiten – Heißklebepistolen machen ihrem Namen alle Ehre und werden ganz schön heiß. Also: Obacht! Wenn der Kleber getrocknet ist, die Pappe innen gelb anmalen.

5 Die Holzkugeln für die Augen weiß bemalen. Dazu steckst du sie am besten auf einen Zahnstocher oder ein Schaschlikstäbchen. Gut trocknen lassen. Danach mit dem schwarzen Permanentmarker die Pupillen aufmalen. Mit Nadel und Faden die Augen annähen.

6 Die Schnauze des Drachen mit roter Farbe bepinseln und leicht orange ansprühen. Mit Filz, Fell und Goldborte den Drachen verzieren. Die Augen und das Maul mit rotem Pfeifenputzer und roter Kordel umkleben. Aus rotem und grünem Pfeifenputzer Ohren formen und ankleben. Die Zähne aus Filz und die Zunge aus Schleifenband ins Maul kleben. Die länglichen Perlen als Nüstern anbringen.

25

Trief Aug soll die Räuber in Angst und Schrecken versetzen. Aber eigentlich hätte er es viel lieber schön gemütlich.

PAPIERTHEATER
SO HI & DAS WEISSE PFERD

So ein kleines Papiertheater ist eine feine Sache. Statt das Bühnenbild direkt auf die Rückseite der Bühne zu zeichnen, kannst du es auch auf ein weißes Blatt in der richtigen Größe malen und mit wieder ablösbarem Klebeband ankleben oder mit Klammern fixieren. Auf diese Weise kannst du viele Bühnenbilder herstellen und verschiedene Szenen nachspielen. Und mit selbst entworfenen Figuren ist diese Miniatur-Bühne gut geeignet, neue Theaterstücke auszuprobieren.

MATERIAL

- Pappe, 70 cm x 85 cm (Theaterbühne), 50 cm x 50 cm (Bühnenbild), 50 cm x 50 cm (Bühnenrahmen) und Reste (Figuren)
- Kopierpapier in Weiß
- evtl. Kohlepapier
- Aquarell- oder Wasserfarben
- Dispersionsfarbe in Weiß
- Rundholz, ø 5 mm, 46 cm lang (Vorhang oben)
- Rundholz, ø 1 cm, 46 cm lang (Vorhang unten)
- evtl. Bleiband, 46 cm lang
- Holzleisten, 15 mm x 5 mm, 2 x 48 cm und 1 x 45 cm lang (Bühnenbild) sowie 2 x 38,5 cm und 1 x 43 cm lang (Bühnenrahmen)
- 6 Metall-Ringe, ø 1,5 cm
- schwerer Vorhangstoff in Rot, 50 cm x 50 cm
- Kreppband
- Faden in Schwarz
- 2 kleine Nägel
- kleine Ringschraube
- Acrylfarbe in Schwarz und Weiß
- Tacker

VORLAGEN SEITE 121

1 Zuerst fertigst du den Bühnenboden. Dafür ein Stück Pappe (sie sollte nicht zu dick sein, damit du sie noch gut schneiden kannst) in den angegebenen Maßen zuschneiden. Die Kleberänder sind ca. 2 cm breit. Mit einem Cutter an einem Lineal entlang die gestrichelten Falzlinien behutsam einritzen, dann falzen und an den Klebeflächen zusammenkleben. Schneller geht es, wenn du dir eine Schuhschachtel oder einen Karton suchst und diesen als Bühnenboden benutzt. Dann musst du allerdings die Maße der übrigen Bühnenteile an seine Größe anpassen.

2 Damit der Bühnenboden schön stabil ist, werden die Falze mit Kreppband verstärkt. Rolle das Kreppband entlang der Falze ab und klebe es an, dann erst abschneiden. So hast du keinen Verschnitt.

3 Schneide den Bühnenrahmen zu. Auf seine Rückseite zur Verstärkung die drei Holzleisten kleben. Die Leisten an den Ecken mit dem Tacker zusätzlich zusammentackern. Den Bühnenboden und den Bühnenrahmen schwarz bemalen.

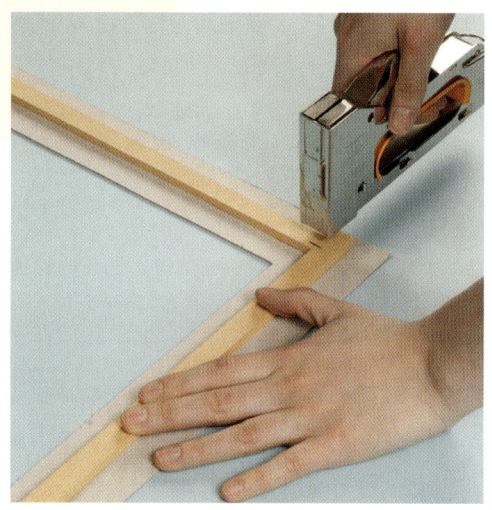

4 Die Pappe für das Bühnenbild erst mit verdünnter weißer Dispersionsfarbe grundieren. Gut trocknen lassen. Dann das Bühnenbild mit Bleistift vorzeichnen und mit Aquarell- oder Wasserfarben ausmalen.

5 Die Figuren entweder mit dem Kopiergerät kopieren oder mit Kohlepapier auf weißes Papier pausen und mit Aquarell- oder Wasserfarben ausmalen. Auf Pappe kleben und ausschneiden.

6 An die Rückseite jeder Figur einen Pappstreifen als Ständer kleben. Dafür schneidest du einen Streifen zu, knickst ihn nach ca. 1 cm bis 2 cm um und klebst ihn, nachdem du ausprobiert hast, wo die richtige Höhe ist, an eine Figur.

7 Jetzt den Bühnenrahmen an den Bühnenboden kleben, so dass die Leisten auf der Rückseite des Rahmens auf dem Bühnenboden aufliegen.

Sabine hat das Papiertheater entworfen und gebaut. Ist doch echt gut geworden, nicht wahr?

8 Die Enden der Rundhölzer mit Schleifpapier glatt schleifen. In die obere Leiste am Bühnenrahmen zwei Nägel einschlagen. An diesen Nägeln das dünnere Rundholz festknoten. Den Vorhangstoff über das Rundholz legen und festnähen.

9 Am unteren Rand des Vorhangs einen Umschlag umnähen. Achtung: Der Vorhang muss so lang sein, dass er auf dem Bühnenboden aufliegt. Den Umschlag auf einer Seite noch offen lassen.

10 Das dickere Rundholz in den Umschlag schieben. Den Umschlag auch an der zweiten Seite schließen. Das untere Rundholz beschwert den Vorhang, so dass man ihn besser herunterlassen kann. Zusätzlich zum Rundholz kannst du auch noch ein Stück Bleiband einnähen.

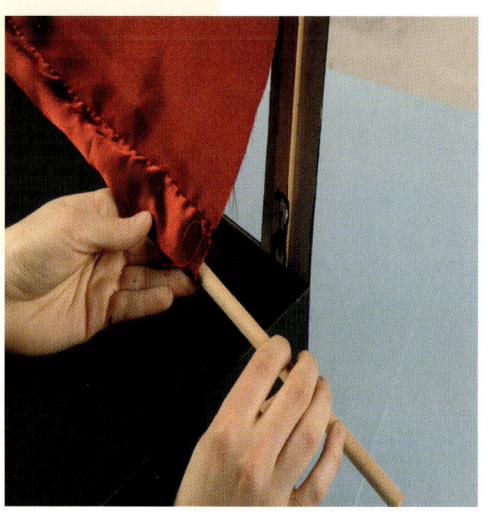

11 Oben am Vorhang in gleichmäßigen Abständen fünf Ringe annähen. Von unten zu jedem Ring hoch mit großen Stichen je einen Faden anheften. Den Faden durch den Ring führen, dann durch alle Ringe rechts neben diesem Ring ziehen und noch reichlich Faden hängen lassen. Die Fäden zusammenknoten.

12 Am Bühnenboden auf der rechten Seite (von hinten gesehen) eine Ringschraube eindrehen. Wenn du an den Fäden ziehst, geht der Vorhang hoch.
Die Fäden in die Ringschraube einhängen und einen Knoten machen, so dass der Vorhang oben bleibt. Löst du die Fäden aus der Ringschraube, geht der Vorhang wieder herunter.

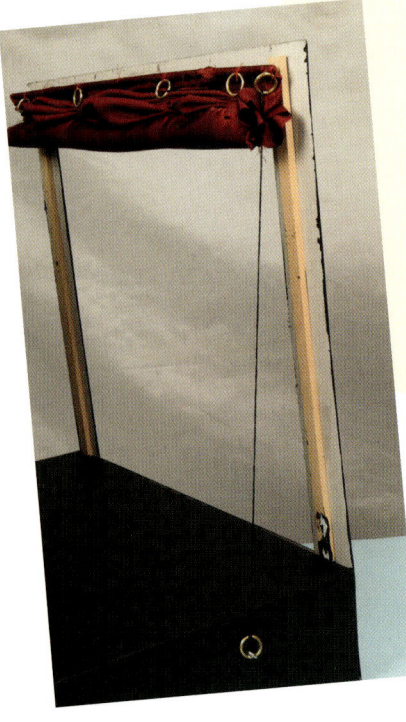

13 Auf der Rückseite des Bühnenbodens das auf der Rückseite mit Leisten verstärkte Bühnenbild anbringen. Jetzt kannst du die Figuren auf der Bühne arrangieren.

Der Räuber I Go trickst den kleinen Pferdeknecht Bu Tai aus und stiehlt das weiße Zauberpferd. Aber er hat nicht mit So Hi und dem Drachen Trief Aug gerechnet.

TEUFELSMASKE PLUTO

Ein Teufel ist eine sehr nützliche Figur im Theater. Er symbolisiert das Böse schlechthin, ohne das das Gute gar nicht sein kann. Besonders beeindruckend ist das Böse, wenn es groß ist. Mit der Teufelsmaske kannst du in voller Größe zwischen kleinen Puppen auftreten und sie das Fürchten lehren. Auch das Publikum wird sich grausen.

1954 lief im Fernsehen „Das (alte Puppen-) Spiel von Doctor Johannes Faustus", eine Bearbeitung des Faust-Themas von der Augsburger Puppenkiste. Dort schickt Pluto, der Herr der Unterwelt, seinen tüchtigsten Teufel Mephistopheles auf die Erde mit dem Auftrag, die Seele des Gelehrten Johannes Faust einzufangen.

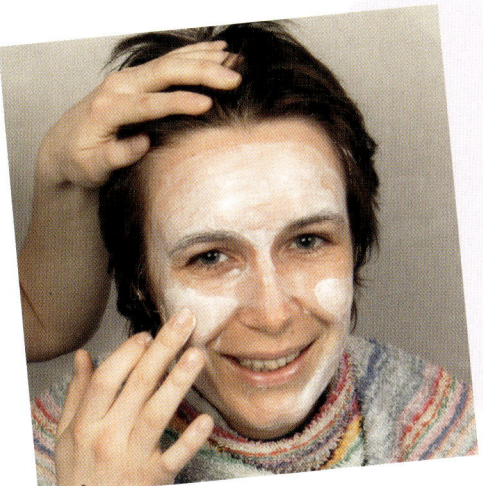

1 Zuerst musst du dir jemanden aussuchen, auf dem du die Maske formen kannst. Am besten nimmst du den Freund oder das Familienmitglied mit der größten Nase, damit die Maske auch schön grausig wird. Damit die fertige Maske später gut vom Gesicht abgeht, cremst du dein „Modell" erst einmal gut ein. Gesichtunterseite und Halsansatz nicht vergessen!

MATERIAL

- 1 bis 2 Packungen Gipsbinden (aus Apotheke oder Bastelgeschäft)
- stark fettende Creme
- Schüssel mit Wasser
- Wattepads
- Zeitungspapier
- Kreppklebeband
- Acrylfarbe in Weiß, Schwarz, Rot, Gelb und Grün
- Acrylklarlack
- dicke Schnur
- Langhaarplüschrest in Grau-Schwarz
- Hutgummi in Schwarz, ca. 45 cm lang
- Gewebeklebeband in Schwarz
- Bohrer, ø 3 cm

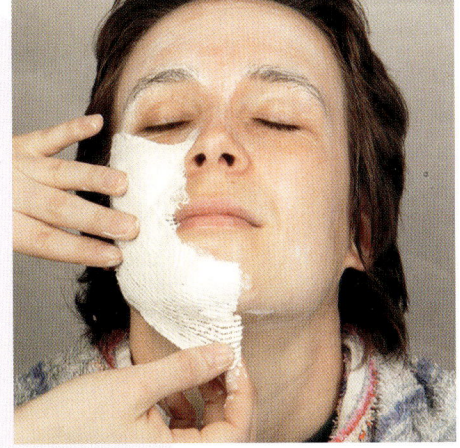

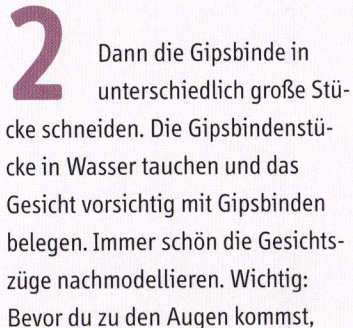

2 Dann die Gipsbinde in unterschiedlich große Stücke schneiden. Die Gipsbindenstücke in Wasser tauchen und das Gesicht vorsichtig mit Gipsbinden belegen. Immer schön die Gesichtszüge nachmodellieren. Wichtig: Bevor du zu den Augen kommst, deckst du diese und die Augenbrauen mit Wattepads ab und gipst über die Wattepads weiter. Die Nasenunterseite musst du ganz freilassen (dein „Modell" muss schließlich noch Luft kriegen). Wenn du die Maske dann abgenommen hast, kannst du diese Stelle mit einem Stück Gipsbinde schließen und, sobald der Gips ganz trocken ist, mit einem Nagel oder der Schere zwei Nasenlöcher hineinbohren.
Wenn das ganze Gesicht mit Gipsbinde bedeckt ist (und natürlich unter der Voraussetzung, dass dein „Modell" nicht an und für sich schon abgrundtief hässlich ist), modellierst du die Nase noch dicker, bringst Überaugenwülste an und betonst das Kinn, indem du weitere Gipsbindenstücke aufbringst. Den Gips ca. fünf Minuten antrocknen lassen, dann vorsichtig die Maske vom Gesicht nehmen.

3 Für die Hörner drehst du Zeitungspapierstücke zu Tüten und fixierst sie mit Klebeband. Probier ein bisschen aus, welche Größe dir am besten zu deiner Teufelsmaske gefällt.

4 Die Zeitungspapierhörner mit Gipsbindenstückchen an der Stirnpartie der Maske befestigen und mit weiteren Stücken ummanteln. So werden sie stabil. Solange der Gips noch feucht ist, kannst du die Hörner auch in Form biegen.

5 Wattepads in Ohrenform zuschneiden (evtl. zwei zusammenkleben und dann erst zuschneiden, damit die Ohren die richtige Größe bekommen) und ebenfalls mit Gipsbindenstückchen am Kopf befestigen und ummanteln. Die Maske jetzt gut durchtrocknen lassen, am besten über Nacht.

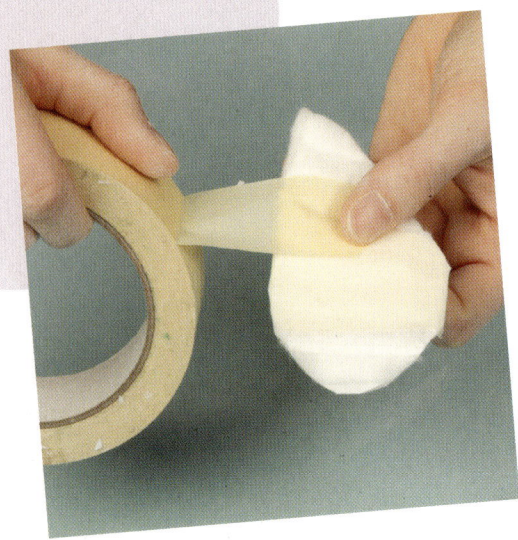

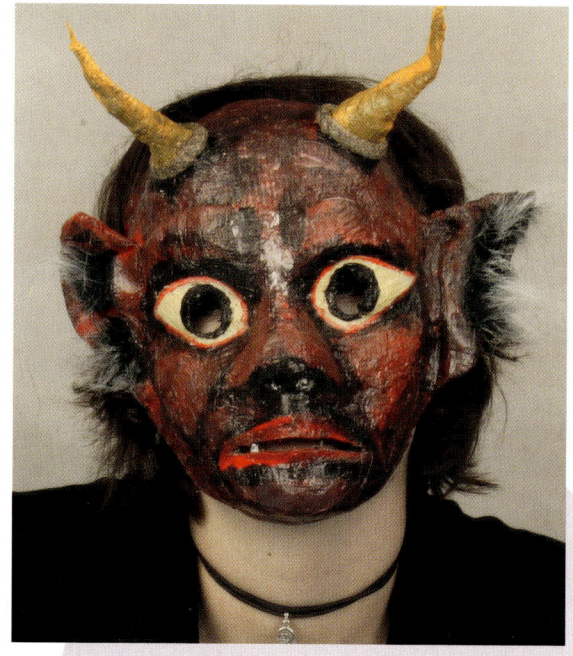

6 Den Rand der Maske gerade schneiden. Setze sie zur Probe auch auf, evtl. kneift etwas, das du abschneiden kannst.

7 Damit dich nichts piekst, wenn du die Maske aufhast, den Rand mit Gewebeband abkleben.

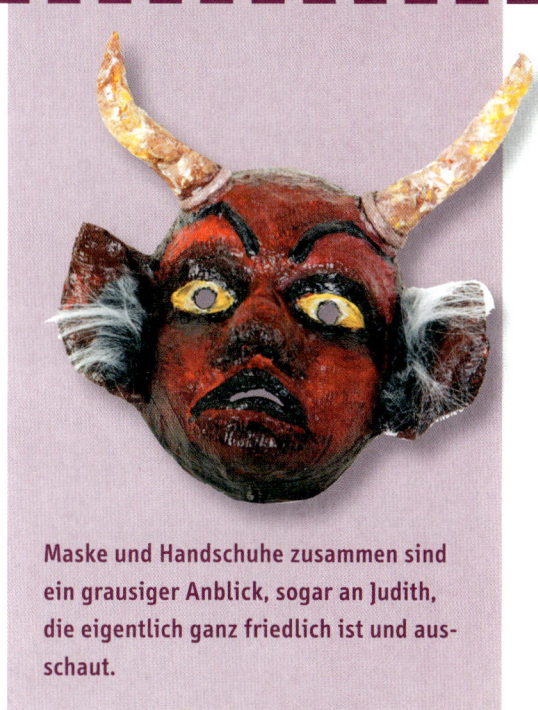

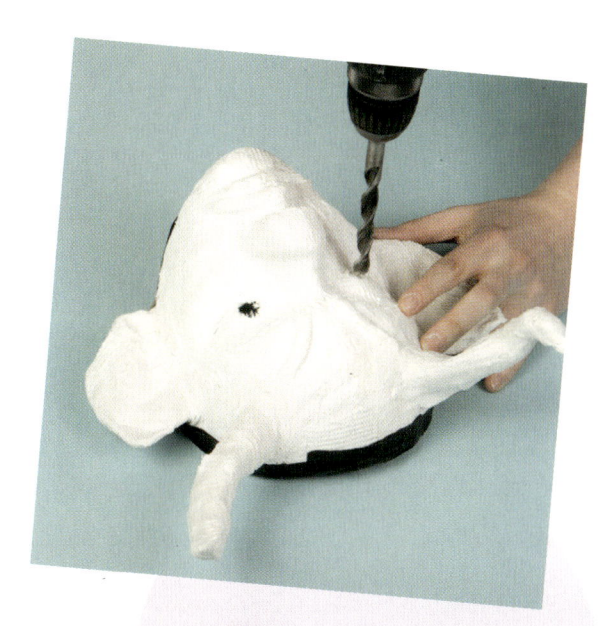

Maske und Handschuhe zusammen sind ein grausiger Anblick, sogar an Judith, die eigentlich ganz friedlich ist und ausschaut.

8 Die Löcher für die Augen, die Nase und den Mund bohren. Dazu entweder die Bohrmaschine nehmen (Achtung: Lass dir von Mama oder Papa helfen!) oder vorsichtig mit der Schere Löcher einstechen und dann weiten.

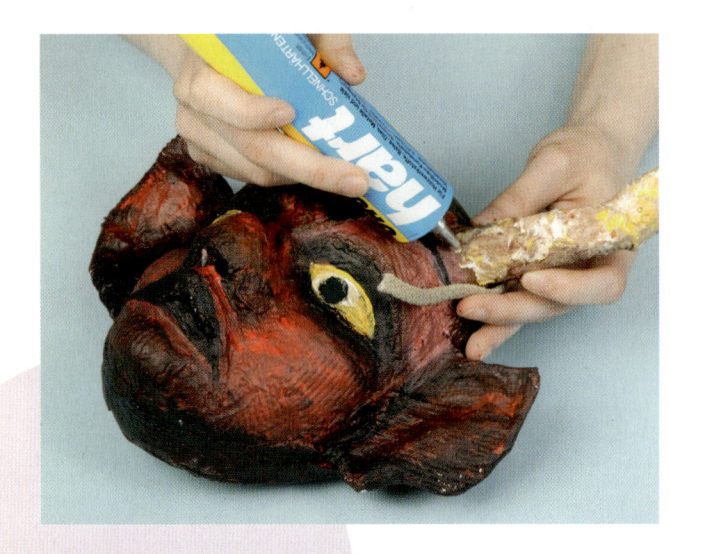

9 Die Maske anmalen. Besonders grauenerregend siehst es aus, wenn du die Augen gelb akzentuierst, ein bisschen Grün mit hineinmalst und für die restliche Maske viel Schwarz und Rot übereinander malst, ohne die Farben allzu sehr zu mischen. Etwas trocknen lassen und Schnurstücke um die Ansätze der Hörner kleben.

10 Fellstücke auf die Ohren kleben. Die Übergänge – zwischen Fell und Gips sowie zwischen Schnur und Hörnern – übermalen. Gut trocknen lassen. Dann die Maske zum Schutz mit Acrylklarlack lackieren.

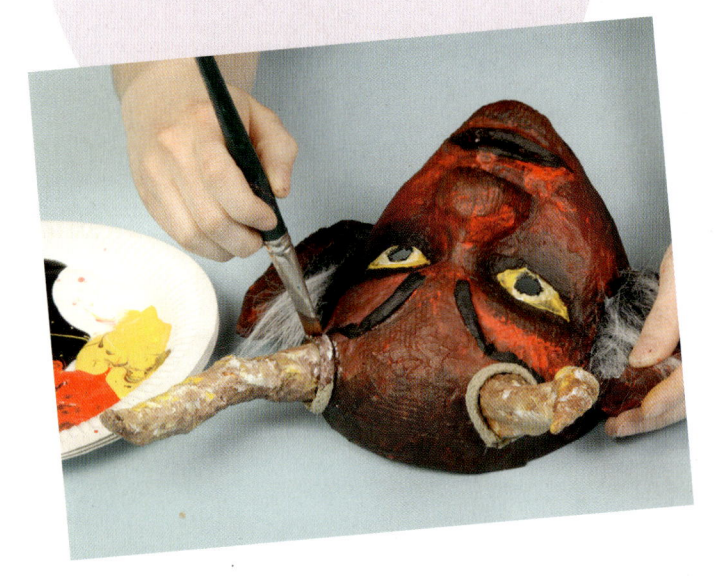

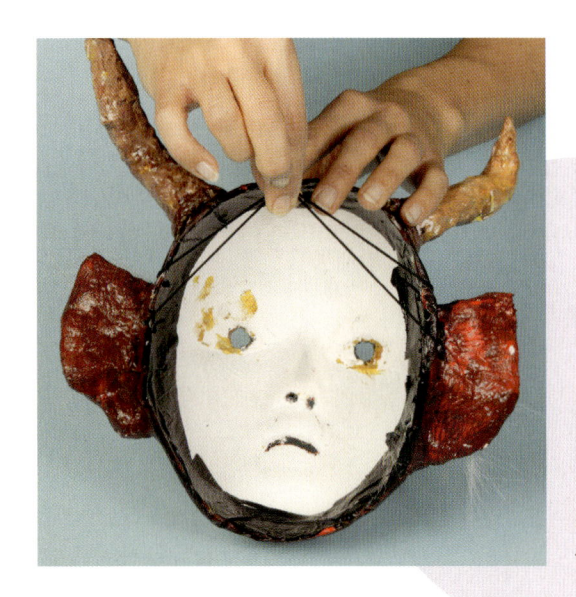

11 Zwei kleine Löcher in die Maskenseiten bohren und den Hutgummi in der richtigen Länge anknoten.

37

Diese Teufelsmarionette sieht mit ihren langen Hörnern, der großen Nase und den roten Augen ziemlich böse aus. Man weiß gleich, mit der ist nicht zu spaßen!

TEUFELSHANDSCHUHE MIT KLAUEN

Passend zu der Teufelsmaske hast du schnell ein Paar Handschuhe mit beachtlichen Klauen gebastelt. Zieh dich einfach ganz schwarz an, setze die Maske auf und stülpe die Handschuhe über. Du wirst sehen, du wirst einen nachhaltigen Eindruck machen.

Auf ähnliche Art und Weise kann man Handschuhe passend zu allerlei Verkleidungen gestalten. Angenähte Krallen machen die Raubkatze komplett, mit Federn kann man Vogelkostüme verzieren und aufgemalte oder angenähte Knochen vervollständigen den Skelettmann.

MATERIAL

- 1 Paar Handschuhe in Schwarz, möglichst mit hohem Schaft
- falls die Handschuhe keinen Schaft haben: 1 Paar Socken in Schwarz
- Langhaarplüschrest in Grau-Schwarz
- lufttrocknende Modelliermasse in Weiß
- Acrylfarbe in Rot, Schwarz und Weiß
- Acrylklarlack
- Bohrer, ø 2 mm
- Nähgarn in Schwarz
- Zweikomponentenkleber

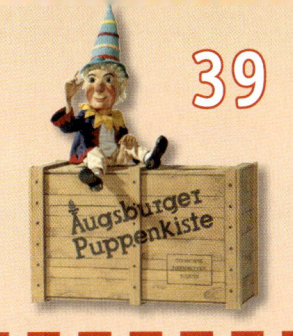

1 Aus der Modelliermasse zehn Klauen formen, etwas gebogen, schön lang und spitz. Gut aushärten lassen, am besten über Nacht.

2 Mit dem Bohrer je zwei kleine Löcher in den breiten Teil jeder Klaue bohren. Achtung: Lass dir dabei unbedingt von einem Erwachsenen helfen! Durch diese Löcher hindurch werden die Klauen später an den Handschuh genäht.

3 Die Klauen passend zu der Maske schwarz-rot anmalen und gut trocknen lassen. Dann mit Klarlack lackieren.

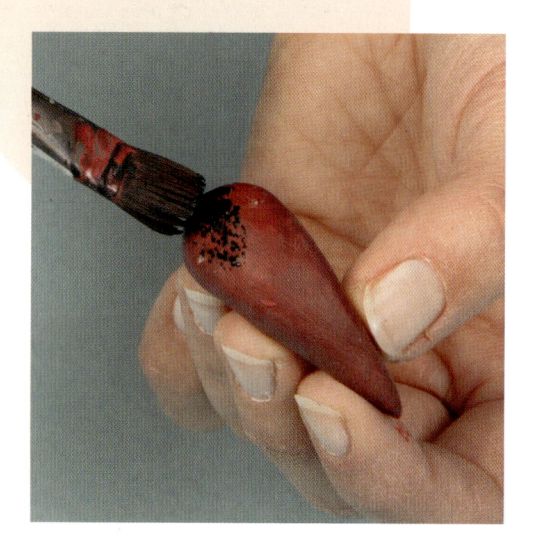

4 Wenn der Handschuhschaft nicht lang genug ist, von den Socken den Schaft abschneiden und mit Nadel und Faden an die Handschuhe nähen.

5 Die Klauen an die Fingerspitzen nähen. Zusätzlich mit Zweikomponentenkleber festkleben, damit sie wirklich festsitzen.

6 Das Fell in passend große Stücke schneiden und an die Handschuhe nähen. Auch hier kannst du mit Zweikomponentenkleber nachhelfen, damit alles gut fixiert ist und beim Auftritt nichts abfällt.

41

So sieht Pluto auf der Bühne der Augsburger Puppenkiste aus. Hinter der Maske steckt ein Puppenspieler. Ganz schön heiße Angelegenheit!

RABE ABRAXAS

Der sprechende Rabe Abraxas ist der Begleiter der kleinen Hexe. Er ist ihr Freund und Ratgeber und steht ihr in allen Lebenslagen zur Seite. Die kleine Hexe weiß, was sie an ihm hat. So manches Mal hilft er ihr aus der Patsche. Gut, dass Raben so weise sind.

Seit 1971 schon gehört „Die kleine Hexe" nach dem Roman von Otfried Preußler zum Repertoire der Augsburger Puppenkiste und ist seither schon an die 800 Mal auf der Bühne gespielt worden.

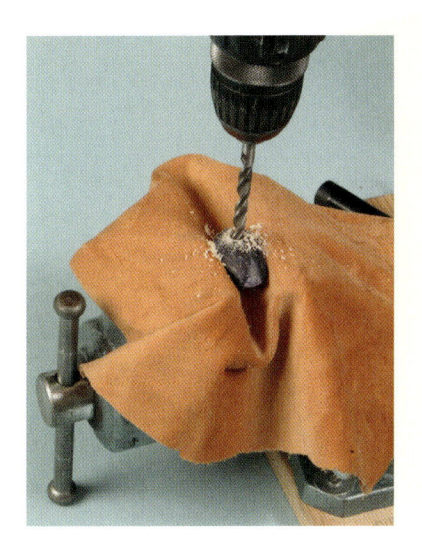

1 Alle Teile schwarz bemalen, dazu steckst du sie am besten auf ein Schaschlikstäbchen. Gut trocknen lassen. Dann im Durchmesser des Schnürsenkels Löcher in alle Holzteile bohren (beachte die Anleitung auf Seite 10): In den Kopf ein Loch für den Hals, in den Körper ein Loch für den Hals (am dicken Ende des Holzeis) und zwei Löcher für die Beine sowie in jeden Holzfuß ein Loch für das Bein bohren.

2 Ein Stück Schnürsenkel als Hals in Kopf und Körper kleben. Zwei Stücke Schnürsenkel als Beine in den Körper und die Füße kleben.

3 Die beiden Dreiecke für den Schnabel aus gelbem Moosgummi zuschneiden. Ein Dreieck von oben, eines von unten an den Kopf kleben. Durch die Wölbung der Kopfkugel bekommt der Schnabel eine schöne Form. Die Wackelaugen ankleben.

MATERIAL
- Holzei, 6,5 cm x 4 cm (Körper)
- Holzkugel, ø 3,5 cm (Kopf)
- 2 Holzfüße, 3,2 cm x 2,2 cm
- Moosgummirest in Schwarz, 2 mm stark
- Moosgummirest in Gelb, 2 mm stark
- Filzrest in Schwarz
- runder Schnürsenkel in Schwarz
- Acryllack in Schwarz
- 2 ovale Wackelaugen, 1 cm lang
- 4 Kammzwecken (kleine Nägel) in Schwarz, 1,4 mm x 10 mm
- Vierkantholz, 1,5 cm x 1,5 cm, 13 cm lang
- Rundholz, ø 8 mm, 6 cm lang
- 4 Ringschrauben
- Schraubhaken
- Kulifeder oder elastisches Band
- starker Faden in Schwarz
- Bohrer, ø 1,5 mm, 3 mm, 4 mm und 8 mm

VORLAGEN SEITE 122

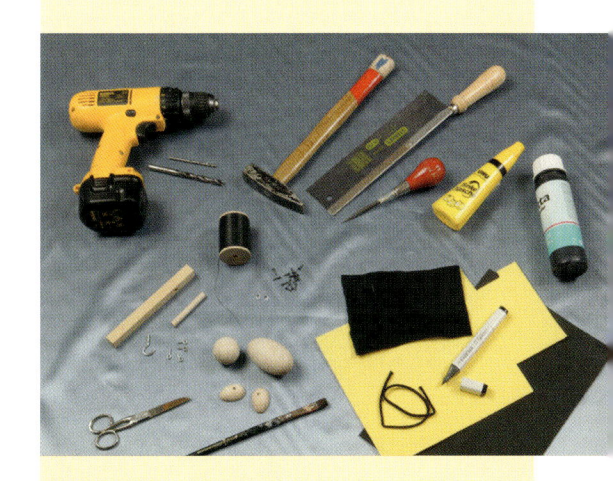

4 Die Flügel und den Kopf aus schwarzem Moosgummi zuschneiden und an den Kanten an den Körper kleben.

5 Zum Befestigen der Fäden mit dem Hammer zwei Kammzwecken in den Kopf und zwei in den Rücken schlagen. Bevor du die Kammzwecken einschlägst, ist es ratsam, mit dem Vorstecher Löcher vorzubohren. Die Nägel nicht ganz einschlagen, so dass du später noch einen Faden anknoten kannst.

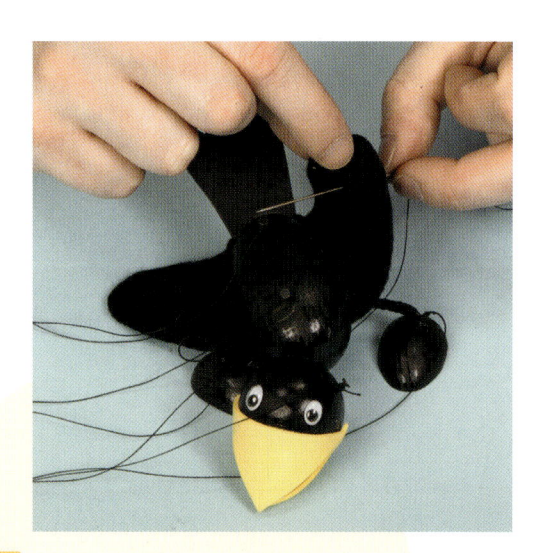

6 Für das Spielkreuz das Vierkantholz im vorderen Viertel mit einem Bohrer, ø 8 mm, durchbohren. Das Rundholz an beiden Enden durchbohren (ø 2 mm). Zum Bohren die Holzteile unbedingt wie auf Seite 10 beschrieben in den Schraubstock einspannen. Das Rundholz in das Vierkantholz stecken. An der Unterseite des Vierkantholzes drei Ringschrauben und an der vorderen Schmalseite die vierte Ringschraube eindrehen.

7 Jetzt den Raben einfädeln: Dazu Fäden an die Kammzwecken im Rücken knoten und mit der hinteren und der vorderen Ringschraube an der Unterseite des Vierkantholzes verbinden. Mit einer Nadel einen Faden durch einen Flügel ziehen und auf der Flügelunterseite anknoten. Die Flügelfäden werden mit der mittleren Ringschraube verbunden. An der Ringschraube an der Schmalseite ein Stück elastisches Band oder eine Kulifeder anbringen und daran die Kopffäden befestigen. So bewegt sich der Kopf elastisch mit bei allen Bewegungen. Zuletzt die Fußfäden an die Beine und an die Bohrungen im Rundholz knoten.

45

Nach einer Illustration von Winnie Gebhardt aus: Otfried Preußler, Die kleine Hexe, erschienen im Thienemann Verlag, 128 Seiten, € 9,90, ISBN 3 522 10580 X

Die Abenteuer der kleinen Hexe kannst du nachlesen im gleichnamigen Buch von Otfried Preußler.

FLASCHENGEIST DSCHINNI

In der morgenländischen Geschichtensammlung „Tausendundeine Nacht" wird von Aladin und der Wunderlampe erzählt. Der junge Aladin findet in einer Höhle eine Öllampe, die von einem Geist bewohnt wird. Der Geist muss die Wünsche dessen erfüllen, der die Lampe besitzt. Aladin wird mit Dschinnis Hilfe reich und mächtig und heiratet eine wunderschöne Prinzessin.

Wer wünscht sich nicht so einen Wunsch-Erfüller?

Auf der Bühne der Augsburger Puppenkiste kann man seit 1952 dabei zusehen, wie der Geist aus der Flasche steigt und sich eilfertig an die Erfüllung von Aladins Wünschen macht. 1960 gab es „Aladin und die Wunderlampe" auch im Fernsehen zu bestaunen.

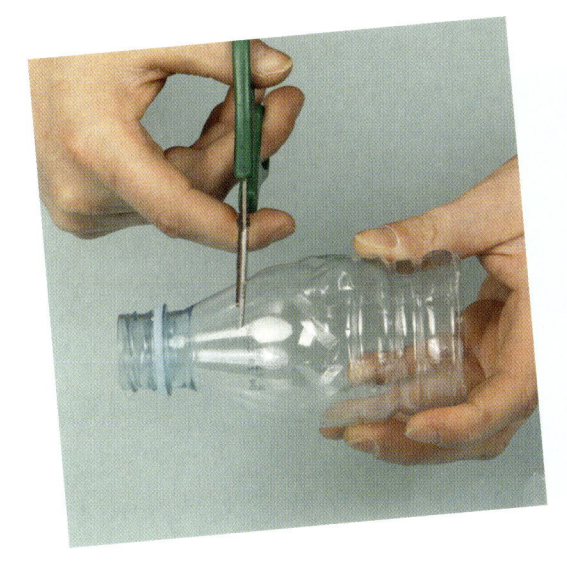

1 Die Flasche mit der Schere in drei Stücke teilen: etwa in der Mitte durchschneiden und oben den Hals abtrennen. Bitte vorsichtig sein, damit du nicht mit der Schere abrutschst und dich verletzt.

2 Mit einem Nagel oder einem kleinen Handbohrer ein Loch in den Flaschenboden bohren, durch das das Röhrchen hindurchpasst. Bitte schön vorsichtig sein, dass du nicht abrutschst! Das Röhrchen einkleben.

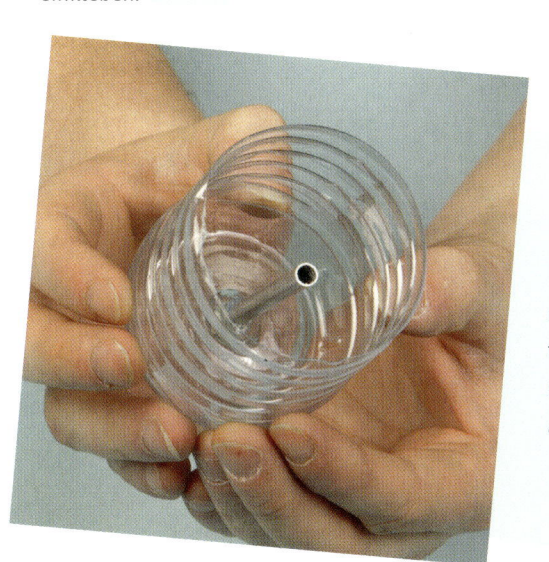

3 Das Röhrchen sollte etwas niedriger als das Flaschenteil sein und muss bündig mit dem Flaschenboden abschließen.

MATERIAL

- kleine Plastikflasche
- Wachsgranulat
- Korken
- Röhrchen aus Metall oder Plastik, 7 cm lang
- Bohrer (ø wie Röhrchen)
- Faden in Schwarz in zwei Stärken
- dicker Baumwollfaden in Weiß
- Filz in Weiß, 50 cm x 50 cm
- Permanentmarker in Schwarz
- Aquarell- oder Wasserfarben
- Nesselstoff (zum Kaschieren der Flasche)
- Plaka- oder Acrylfarbe in Gold
- Glitter, Flitter und Glimmer in allen möglichen Glitzerfarben
- Rundholz, ø 8 mm, 25 cm lang (mit 3 Bohrungen)
- Hakenschraube
- Holzperle, ø 8 mm
- Bohrer, ø 1 mm
- Tapetenkleister
- Holzleim
- Sprühkleber
- Kreppklebeband
- altes Kännchen oder alter Topf

VORLAGE SEITE 123

4 Auf dem Herd in einem alten Kännchen oder Topf das Wachsgranulat schmelzen. Das flüssige Wachs vorsichtig in den unteren Flaschenteil gießen. Darauf achten, dass das Röhrchen oben noch aus dem Wachs herausschaut. Das Flaschenteil mit dem Wachs an einen kühlen Ort stellen, damit das Wachs wieder fest werden kann.

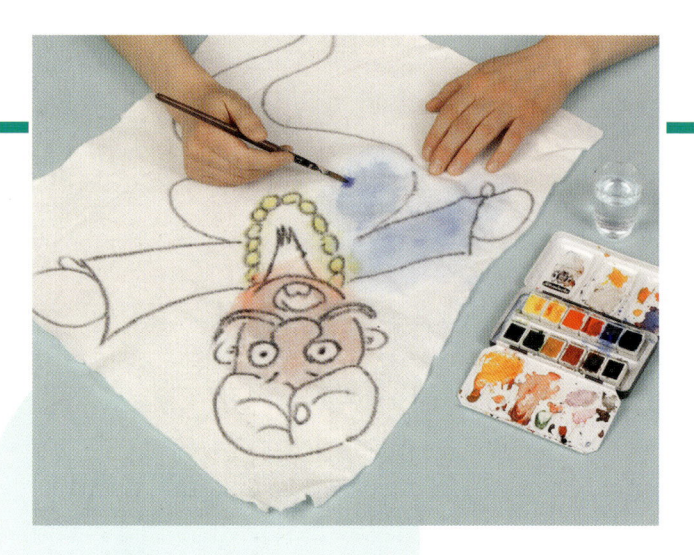

5 Mit dem Permanentmarker die Konturen des Flaschengeistes auf den Filz zeichnen. Mit Aquarell- oder Wasserfarben den Flaschengeist ausmalen. Es ist nicht schlimm, wenn die Farben ineinander laufen. Gerade das gibt dem Geist ja sein geisterartiges Aussehen.

6 Den Geist entlang der Konturen ausschneiden. Du tust dir beim Schneiden von Filz leichter, wenn du eine gute Schere hast.

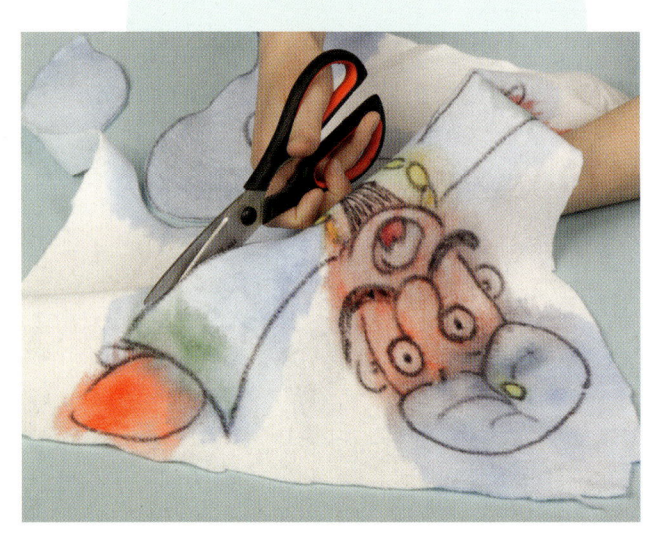

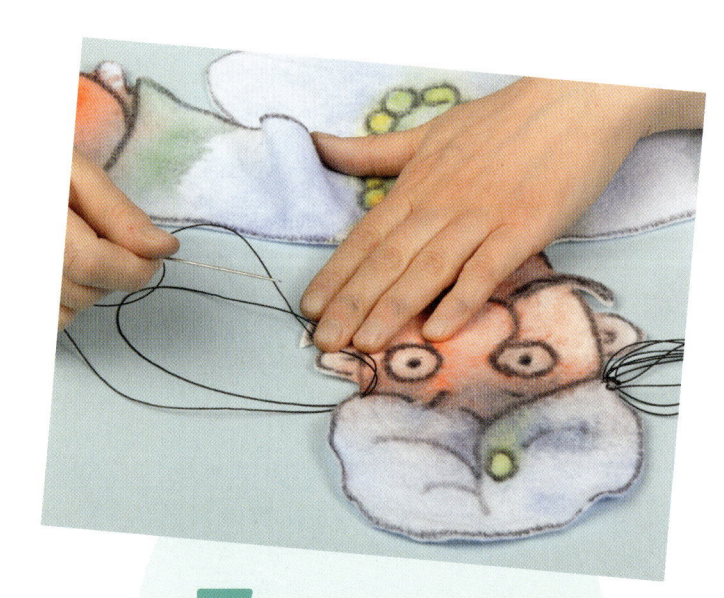

7 Die Haare des Flaschengeistes aus schwarzem Faden annähen. Dazu beim Nähen lange Schlaufen hängen lassen, die du später aufschneidest. Mit der weißen Wolle die Haare zu Zöpfen abbinden.

8 Unten am Geist einen weißen Wollfaden anknoten, den du durch die erste Flaschenhälfte und dann durch das Röhrchen in der zweiten Flaschenhälfte fädelst. Unten einen dicken Knoten machen, der nicht durch das Loch im Flaschenboden passt, und mit Klebstoff fixieren.

9 Den Tapetenkleister mit Wasser anrühren und etwas Holzleim dazugeben. Den Nesselstoff in Stücke schneiden. Die beiden großen Flaschenhälften mit Kreppklebeband zusammenkleben und die Klebestelle mit in Kleister getauchten Nesselstücken kaschieren, also ummanteln.

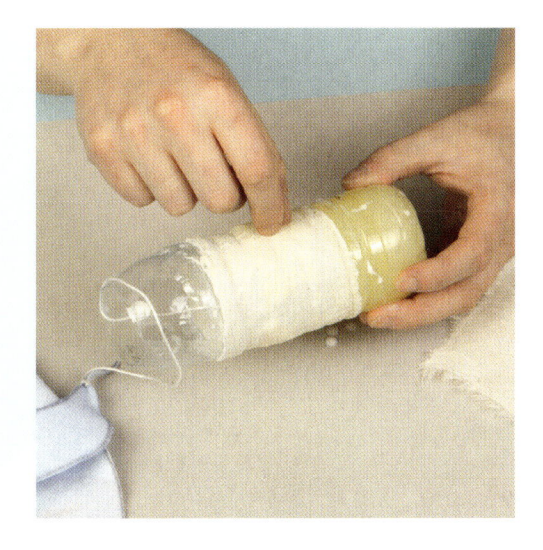

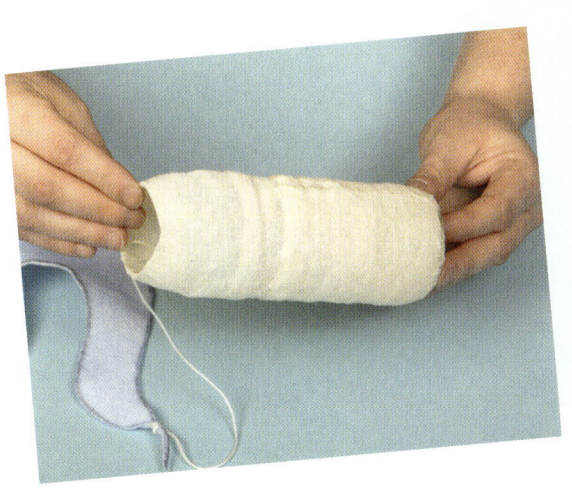

10 Die Flasche komplett mit Nesselstücken kaschieren. Gut trocknen lassen.

Wer ist schöner? Der Praktikant Kai oder Dschinni, der Flaschengeist?

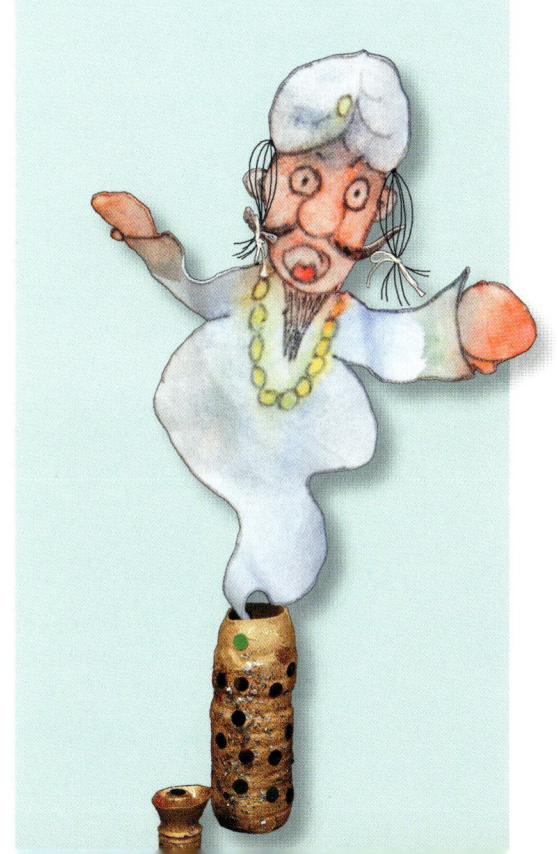

11 Den Flaschenhals umdrehen und den Korken hineinkleben.

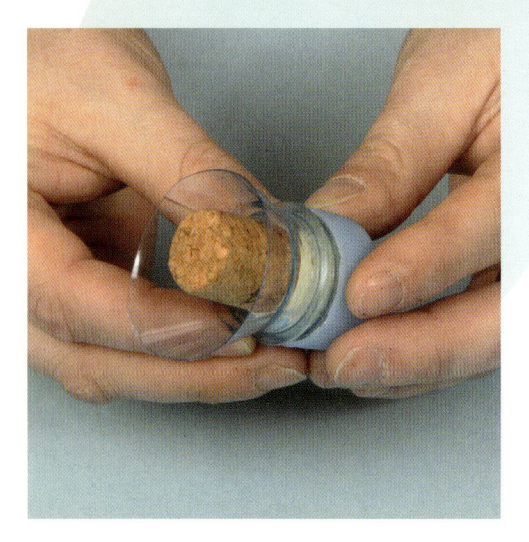

12 Die Flasche und auch das Korkenteil golden bemalen. Trocknen lassen. Anschließend mit Sprühkleber einsprühen und Flitter, Glitter und Glimmer darauf verteilen, bis alles schön prächtig aussieht.

13 Der Geist wird am Rundholz aufgehängt. Dafür mit der Nadel den Faden durch die Hand ziehen und festknoten.

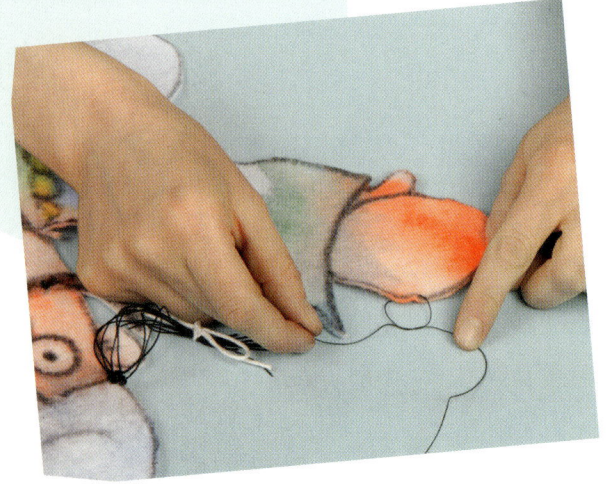

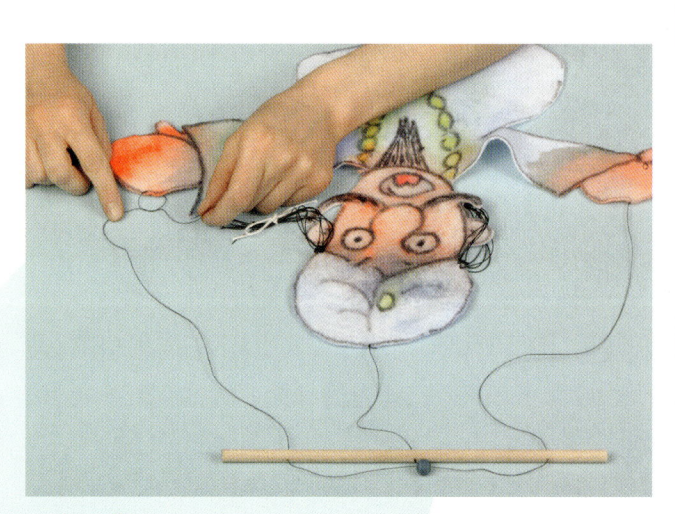

14 Dann den Faden durch eine seitliche Bohrung im Rundholz ziehen, die Holzperle auffädeln und durch die andere seitliche Bohrung im Rundholz nach unten fädeln. Mit der Nadel den Faden durch die andere Hand ziehen und anknoten. Den Kopf ebenso an einem Faden befestigen und durch die Bohrung in der Mitte des Rundholzes ziehen. Oben ins Rundholz evtl. noch die Hakenschraube eindrehen.

Nun kannst du den Geist in die Flasche stopfen und sogar die Flasche mit dem Korken verschließen. Wenn du am Rundholz und den Fäden ziehst, kommt er aus der Flasche geschwebt.

51

Aladin ist ganz schön verblüfft, was für ein riesiger Geist in der kleinen Öllampe steckte.

BLECHBÜCHSENSOLDAT

Die Blechbüchsenarmee wird von General Blech angeführt. Praktisch, dass sie mit ihren Rüstungen so flexibel ist und beispielsweise sehr flott jeden Hügel hinunter kommt: „Zwei drei vier, marschieren wir in schnellem Lauf den Berg hinauf. Oben dann alle Mann zieh'n die Büchse an. Roll roll roll, jawoll jawoll ..."

Erstmals kommen die Blechbüchsensoldaten 1967 in der Fernsehproduktion von „Gut gebrüllt, Löwe" nach dem Roman von Max Kruse vor. 1973 kehren sie auf den Bildschirm zurück, in „Don Blech und der goldene Junker", ebenfalls nach einer Romanvorlage von Max Kruse. Da Frieden im Land herrscht, hat sich General Blech zur Ruhe gesetzt. Die Blechbüchsenarmee könnte eigentlich friedlich vor sich hin rosten, wenn nicht alles wieder einmal ganz anders käme ...

MATERIAL

- Dose, ø 8 cm, oben und unten offen (Körperrüstung)
- Dose, ø 5 cm, nur an einer Seite offen (Helm)
- durchbohrte Holzkugel, ø 6 cm (Körper)
- halb gebohrte Holzkugel, ø 5 cm (Kopf)
- Holzhalbkugel, ø 1,5 cm (Nase)
- 2 Holzfüße, 5 cm x 3,5 cm
- Acrylfarbe in Rot, Gelb, Schwarz, Weiß und Silber
- Permanentmarker in Schwarz
- 2 Reißzwecken
- Strick oder dicke Wolle in Natur, ca. 20 cm lang
- Wolle in Schwarz
- Filzrest in Hautfarbe
- dicke Wollkordel in Braun, 4 x 10 cm lang (Arme und Beine)
- Band in Schwarz, 2 x 20 cm lang
- Vierkantholz, 1,5 cm x 1,5 cm, 13 cm lang
- Rundholz, ø 6 mm, 10 cm lang
- starker Faden in Schwarz
- 5 kleine Ringschrauben
- Hakenschraube
- Dosenöffner
- dicker Nagel
- Bohrer, ø 2 mm, 6 mm und 8 mm
- Besenstiel o. Ä.

VORLAGEN SEITE 125

1 Zuerst einmal prüfst du am besten, ob der Strick in die Bohrungen an der Kopf- und Körperkugel passt. Wenn nicht, musst du wie auf Seite 10 beschrieben das Loch mit dem Bohrer auf den entsprechenden Durchmesser vergrößern. Dann die Halbkugel als Nase auf den Holzkopf kleben. Aus ganz wenig Rot und Gelb sowie etwas mehr Weiß die Hautfarbe mischen und den Kopf anmalen. Gut trocknen lassen. Mit Permanentmarker das Gesicht aufzeichnen. Die schwarze Wolle in Stücke schneiden und als Haare an den Kopf kleben.

2 Mit dem dicken Nagel und dem Hammer zwei Löcher für die Ringschrauben in die kleine Helm-Dose schlagen. Dazu die Dose z. B. auf einen Besenstiel stecken, den Besen über den Tisch legen und mit dem Nagel die Dose über der Tischkante löchern. Am besten hält dabei eine zweite Person den Besenstiel fest.

3 Die Ringschrauben mithilfe der Zange durch den Helm in den Kopf drehen. So wird der Helm am Kopf befestigt; außerdem werden hier später die Fäden, die den Kopf halten, angeknotet.

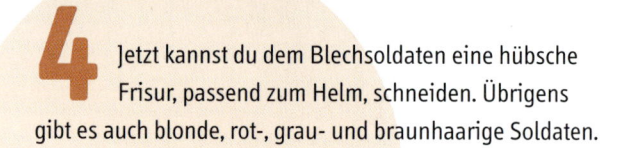

4 Jetzt kannst du dem Blechsoldaten eine hübsche Frisur, passend zum Helm, schneiden. Übrigens gibt es auch blonde, rot-, grau- und braunhaarige Soldaten.

5 Die Körperkugel silbern bemalen. Oben und unten neben der Bohrung, die die Kugel schon hat, je zwei Bohrungen, ø 6 mm (bzw. entsprechend der Kordelstärke), für Arme und Beine anbringen. Dazu wie auf Seite 10 beschrieben die Kugel in einen Schraubstock einspannen.

6 Ein Ende des Stricks in den Kopf einkleben. Das andere Ende durch die Körperkugel führen und mit einem Knoten fixieren.

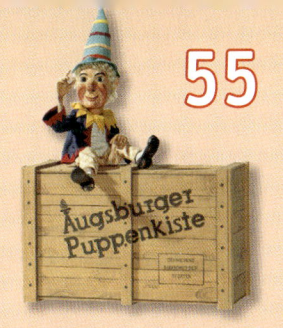

7 In den Rücken, etwa auf Höhe des untersten Halswirbels, eine Ringschraube eindrehen. Vorher mit dem Vorstecher das Loch vorstechen (vgl. Seite 10).

Carsten und der kleine Blechbüchsensoldat sind gute Freunde. Und sie sind beide ganz pazifistisch.

8 Mithilfe von Schablonen (siehe Seite 9) die Hände viermal auf hautfarbenen Filz übertragen.

9 Die Hände gegeneinander an die Armkordel kleben.

10 Die Füße schwarz anmalen und ein Loch, ø 6 mm (bzw. entsprechend der Kordelstärke), hineinbohren (beachte dazu die Anleitung auf Seite 10). Die Beinkordel einkleben. Dabei hilft dir der Nagel, mit dessen Kopf du die Kordel in die Bohrung drücken kannst.

11 Während der Klebstoff an Armen und Beinen trocknet, wie bei Schritt 2, Seite 53 beschrieben für die Hosenträger zwei Lochpaare in die große Dose hämmern.

12 Den Soldaten zusammensetzen: Arme und Beine in die Bohrungen an der Körperkugel einkleben. Wie bei Schritt 10 beschrieben, kannst du dazu einen Nagel zu Hilfe nehmen.

13 Die Hosenträger an die Dose knoten. Sie halten die Dose später an ihrem Platz, sind also eigentlich „Dosenträger".

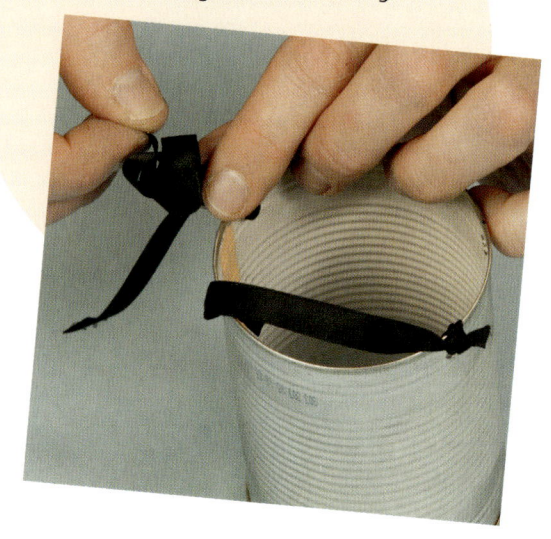

14 Die Dose über den Soldaten ziehen. Darauf achten, dass die Hosenträger auf der richtigen Seite des Soldaten, nämlich oben sind.

15 Die Hosenträger mit Reißzwecken an der Körperkugel befestigen. Damit sie nachher nicht mehr zu sehen sind, kannst du sie mit schwarzem, wasserfestem Filzstift übermalen.

So eine Dosenrüstung ist sehr praktisch. Wenn man müde ist, kann man sich in ihr verkriechen und etwas dösen. Wenn man es eilig hat, z. B. bei einem Überraschungsangriff, kann man in ihr rasant den Berg hinunterrollen.

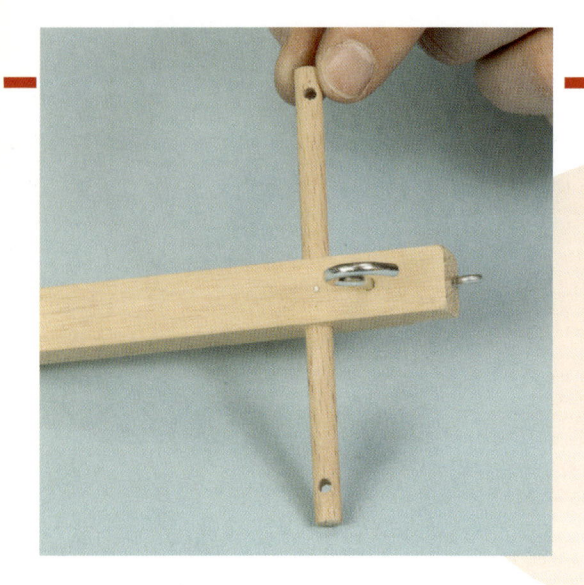

16 Für das Spielkreuz im vorderen Drittel des Vierkantholzes eine Bohrung mit Durchmesser 6 mm anbringen. In die Enden je eine Ringschraube drehen. Die Enden des Rundholzes je mit einer Bohrung mit Durchmesser 2 mm versehen und das Rundholz in das Vierkantholz stecken. Zum Aufhängen oben eine Hakenschraube anbringen.

17 In die Fußspitzen Löcher, ø 2 mm, bohren (siehe Anleitung Seite 10) und die Beinfäden dort anknoten.

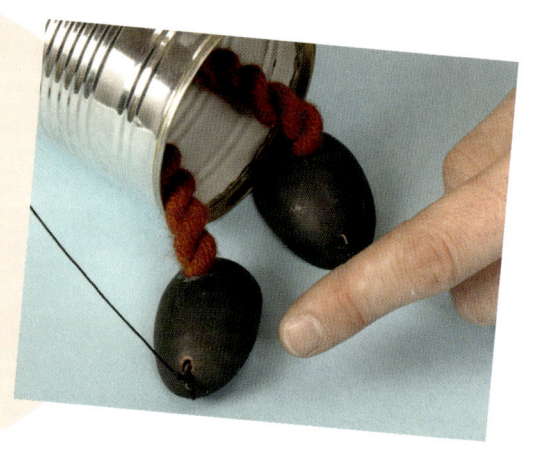

19 Je einen weiteren Faden in die Ringschrauben an Kopf und Rücken knoten und gemäß der Fädelskizze auf Seite 125 am Spielkreuz anknoten.

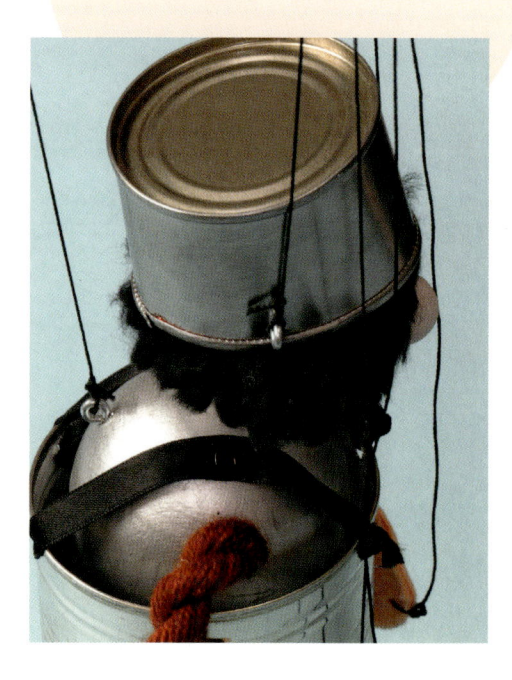

18 Mit einer Nadel die Armfäden durch die Filzhände ziehen und anknoten.

Fertig ist der Blechsoldat aus der Blechbüchsenarmee: Roll, roll, roll.

59

Die Abenteuer von Don Blech und der Blechbüchsenarmee kannst du nachlesen in den „Don Blech"-Büchern von Max Kruse.

Nach einer Illustration von Horst Lemke aus: Max Kruse, Don Blech und der goldene Junker, erschienen im Thienemann Verlag, 160 Seiten, € 9,90, ISBN 3 522 16886 0

TÜTENKASPER KICHERLÄNDER

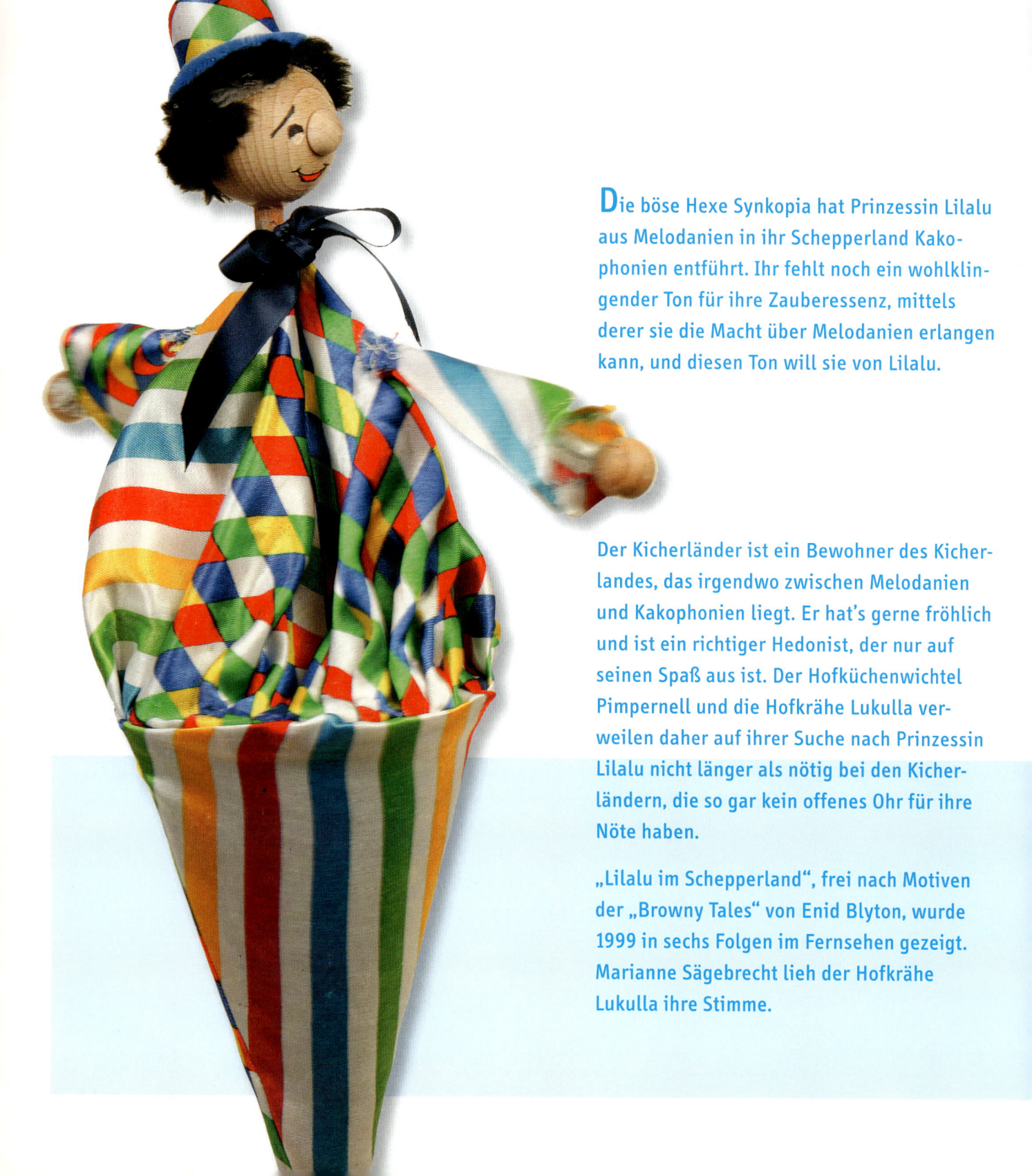

Die böse Hexe Synkopia hat Prinzessin Lilalu aus Melodanien in ihr Schepperland Kakophonien entführt. Ihr fehlt noch ein wohlklingender Ton für ihre Zauberessenz, mittels derer sie die Macht über Melodanien erlangen kann, und diesen Ton will sie von Lilalu.

Der Kicherländer ist ein Bewohner des Kicherlandes, das irgendwo zwischen Melodanien und Kakophonien liegt. Er hat's gerne fröhlich und ist ein richtiger Hedonist, der nur auf seinen Spaß aus ist. Der Hofküchenwichtel Pimpernell und die Hofkrähe Lukulla verweilen daher auf ihrer Suche nach Prinzessin Lilalu nicht länger als nötig bei den Kicherländern, die so gar kein offenes Ohr für ihre Nöte haben.

„Lilalu im Schepperland", frei nach Motiven der „Browny Tales" von Enid Blyton, wurde 1999 in sechs Folgen im Fernsehen gezeigt. Marianne Sägebrecht lieh der Hofkrähe Lukulla ihre Stimme.

MATERIAL

- nicht zu fester Karton, 31 cm x 26 cm
- Rundholz, ø 1 cm, 50 cm lang
- Holzkugel, ø 5 cm (Kopf)
- 2 durchbohrte Holzkugeln, ø 1,8 cm (Hände)
- Holzhalbkugel, ø 1,5 cm (Nase)
- Stoff in Weiß mit bunten Streifen, 90 cm x 90 cm
- Stoff in Weiß-Blau-Rot-Grün-Gelb kariert, 90 cm x 90 cm
- Bleiband, 2 x 12 cm lang
- Deokappe o. Ä. (Untergestell für den Hut)
- Pfeifenputzer in Blau
- Plüschrest in Schwarz
- Acrylfarbe in Schwarz und Weiß
- Permanentmarker in Schwarz und Rot
- Schleifenband in Blau, 25 cm lang
- Nähgarn in Weiß
- Bohrer, ø 1 cm
- Zackenschere

VORLAGEN SEITE 124

1 Zum Schneiden von Stoff am besten die Zackenschere benutzen, dann franst nichts aus. Den Stoff für das Unterteil zuschneiden und an einer Längskante zusammennähen. Die Tüte aus Pappe zuschneiden.

2 Den Unterteilstoff an den oberen Rand der Tütenpappe kleben.

3 Die Pappe zur Tüte formen und an den Klebekanten zusammenkleben. Während des Trocknens halten und/oder oben und unten mit Wäscheklammern fixieren.

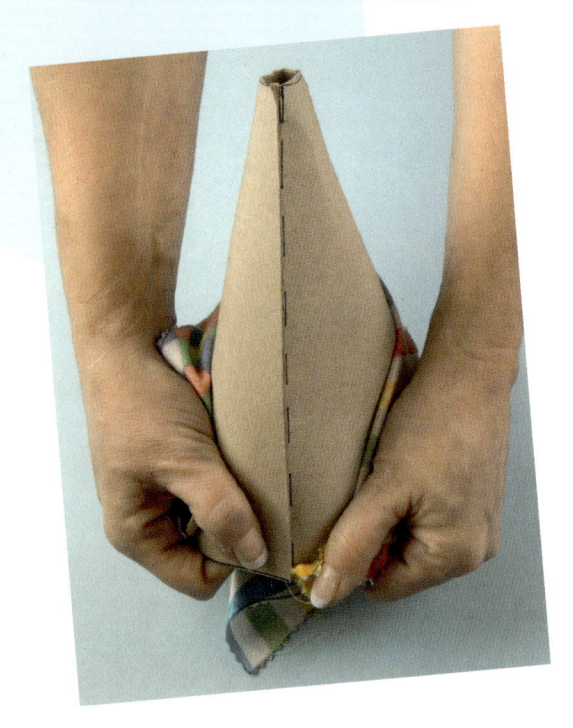

4 Das Oberteil aus Stoff zuschneiden und an der Längskante zusammennähen. Die beiden Teile zusammen ergeben einen Kreis.

5 Das Oberteil gerafft an die Tütenoberkante kleben. Zum Trocknen wieder mit Wäscheklammern fixieren. Nach dem Trocknen den unteren Teil flächig an die Tüte kleben. Überstehenden Stoff abschneiden. In den oberen Teil mittig ein kleines Loch für das Rundholz schneiden.

6 In den Holzkopf ein Loch, ø 1 cm, bohren. Dafür die Holzkugel wie auf Seite 10 beschrieben in den Schraubstock spannen. Das Rundholz in den Kopf leimen, die Nase ankleben und mit Permanentmarkern und Acrylfarbe das Gesicht aufmalen.

Susi und der Tütenkasper, ein eingespieltes Team, das sich gut versteht – kuckuck!

7 Von der Deokappe Maß nehmen: Einen Stoffstreifen ausschneiden, dessen Länge dem Umfang der Kappe entspricht und der so breit wie die Deokappe hoch ist (bei beiden Maßen etwa 1 cm Klebezugabe dazugeben). Außerdem die Kappe auf den Stoff stellen, sie mit Filzstift umfahren und den entstandenen Kreis ausschneiden. Den Kreis auf die Deokappe kleben und sie mit dem Streifen umkleben. Evtl. oben und unten den Stoff etwas umschlagen.

8 Aus dem Plüsch die Haare zuschneiden und auf den Kopf kleben. Darauf den Hut kleben. Als Krempe den Hut mit einem Stück blauem Pfeifenputzer umkleben.

9 Den Stab von oben durch das Loch im Kleid und die Tüte stecken. Das Kleid unterhalb des Kopfes am Rundholz festkleben. Zusätzlich das Schleifenband umbinden.

10 Die Ärmel zuschneiden. Den Stoff am Bleiband ein bisschen ausfransen und an die Handperlen kleben. Das Bleiband in den Ärmel kleben und den Ärmel zusammennähen. Am Kleid festnähen. Evtl. an der Schulter noch einen Flicken zur zusätzlichen Befestigung anbringen.

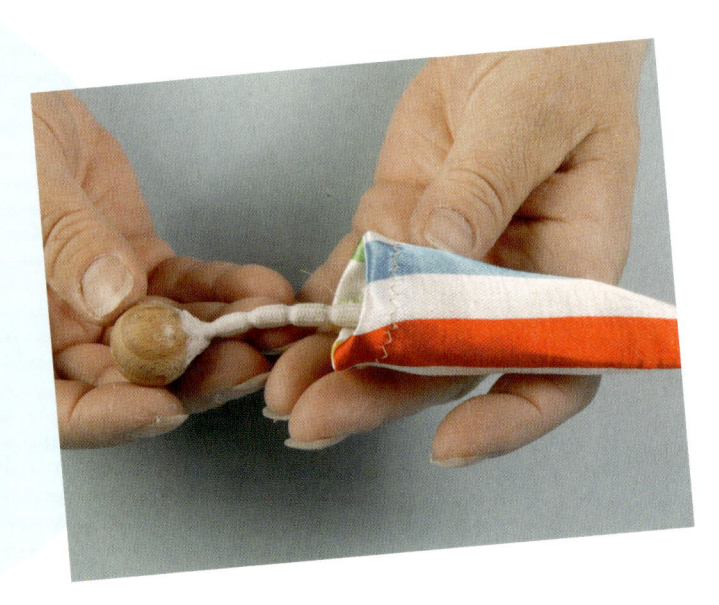

Im Kicherland ist immer Karneval. Das kann ja mal ganz vergnüglich sein, aber auf die Dauer wird es etwas mühsam. Oder was meinst du?

JIM KNOPF & LUKAS DER LOKOMOTIVFÜHRER

Lukas der Lokomotivführer lebt und arbeitet auf Lummerland. Auf der winzig kleinen Insel mit zwei Bergen regiert König Alfons der Viertelvorzwölfte seine Untertanen. Neben Lukas sind das Herr Ärmel, der begeisterte Hobbyfotograf, und Frau Waas, die den ansässigen Kaufladen führt. Eines Tages bringt der Postbote ein Paket mit einem ungewöhnlichen Inhalt: einem Baby. Das Kind wird auf den Namen Jim Knopf getauft und groß gezogen. Nach einigen Jahren stellt dieser Bevölkerungszuwachs jedoch ein Problem dar. Auf der Insel wird es zu eng und der König ordnet daher an, dass Emma, Lukas' Lokomotive, Lummerland verlassen soll. Doch Lukas und Jim wollen Emma nicht im Stich lassen, fliehen mit ihr und erleben viele Abenteuer.

„Jim Knopf und Lukas der Lokomotivführer", nach einem Roman von Michael Ende, wurde zweimal fürs Fernsehen verfilmt. Die Produktion von 1961 ist die erste Serie der Puppenkiste, die aufwändig im Spielfilm-Stil gedreht wurde. Sie besteht aus fünf Teilen. 1977 wurde die Geschichte nochmals, diesmal in Farbe und in nur vier Teilen verfilmt. 1962 bzw. 1978 folgten die Fortsetzungen „Jim Knopf und die wilde 13".

1 Das Körperrundholz wie auf Seite 10 beschrieben in den Schraubstock spannen und Bohrungen, ø 6 mm, anbringen: für den Hals senkrecht nicht zu tief in ein Ende bohren. Für die Arme und Beine das Holz oben und unten quer durchbohren. Achtung: Das ist eine etwas kniffelige Angelegenheit. Lass dir dabei von einem Erwachsenen helfen.

2 Hals, Arme und Beine aus Figurendraht in die entsprechenden Bohrungen kleben. Die Enden der Arme und Beine und den Hals ganz hautfarben anmalen.

MATERIAL
LUKAS UND JIM

- durchbohrte Holzkugel, ø 4,5 cm (Kopf Lukas) und ø 3 cm (Kopf Jim)
- 2 Holzperlen, ø 6 mm (Nasen)
- Figurendraht, ø 6 mm, 6 cm (Hals Lukas), 3 cm (Hals Jim), 2 x 11 cm lang (Arme und Beine Lukas) und 2 x 9 cm lang (Arme und Beine Jim)
- je 2 Holzfüße, 3,5 cm x 2,5 cm (Lukas) und 2,5 cm x 2 cm (Jim)
- je 2 Holzhände, 3,5 cm x 1,5 cm (Lukas) und 2 cm x 1 cm (Jim)
- Rundholz, ø 1,4 cm, 6,5 cm lang (Körper Lukas) und 4 cm lang (Körper Jim)
- Acrylfarbe in Hautfarbe und Braun
- Filzstift in Rot
- Märchenwolle in Braun (Haare Lukas)
- Pompons in Schwarz, ø 7 mm (Haare Jim)
- Filzreste in Weiß, Dunkelblau, Rot, Hellblau, Gelb, Braun und Hautfarbe
- Papier in Weiß
- Permanentmarker in Schwarz
- Lederschnur, ø 1,5 mm
- 2 kleine Nägel
- Knopf in Orange, ø 1 cm
- Bohrer, ø 6 mm

VORLAGEN SEITE 126

3 Die Kopfkugel, die Nasenperle und die Hände hautfarben bzw. braun bemalen. Die Füße schwarz oder braun anmalen. An Kopf, Händen und Füßen Bohrungen, ø 6 mm, für Hals, Arme und Beine anbringen. Dazu die entsprechenden Holzteile wie auf Seite 10 beschrieben in den Schraubstock spannen.

4 Die Hände an die Arme, die Füße an die Beine und den Kopf an den Hals kleben. Die Nasenperle mit einem kleinen Nagel mithilfe des Hammers befestigen. Den Nagelkopf passend zur Gesichtsfarbe bemalen.

5 Die Kleidungsteile aus Filz zuschneiden. Die beiden Teile von Lukas' Hemd mit Streifen bekleben.

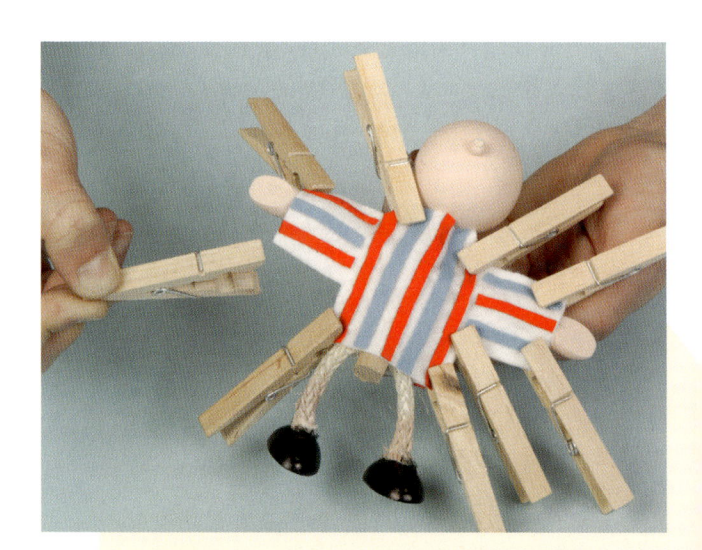

6 Lukas das Hemd anziehen und die beiden Teile seitlich zusammenkleben. Zum Trocknen mit Wäscheklammern fixieren. Auch die Hose so befestigen. Halstuch und Gürtel nicht vergessen. Bei Jims Kleidung ebenso vorgehen. Wenn er seinen Pulli anhat, bekommt er noch den Rollkragen umgeklebt.

7 Die Augen aus Papier ausschneiden und die Pupillen aufzeichnen. Auf den Kopf kleben. Ein Stück Lederschnur als Mund ankleben. Während der Trocknungszeit kannst du die Lederschnur mit Stecknadeln in der gewünschten Form fixieren, die du mit dem Hammer vorsichtig in den Holzkopf schlägst. Die Ohren entlang der Kanten ankleben.

8 Jetzt die Frisuren aufkleben: Jims Haare bestehen aus Pompons, die du eng aneinander klebst. Er trägt die Ohren frei. Lukas Locken bestehen aus Märchenwolle. Immer etwas Wolle zu einem kleinen Knäuel drehen und aufkleben. Oben auf dem Kopf bleibt eine kleine Platte frei (das darf aber keiner wissen).

Jim und Lukas beratschlagen sich. Sie sind so ins Gespräch vertieft, dass sie Hans gar nicht bemerken.

9 Um Lukas' kleines Geheimnis zu wahren, bekommt er jetzt die Mütze aufgeklebt. Zuerst das gelbe Mützenschild aufkleben. Den blauen Mützendeckel zweimal zuschneiden, mit etwas Märchenwolle aufpolstern und beide Teile aufeinander kleben.

10 Dem Lukas die Mütze auf den Kopf kleben. Schon ist von seiner kleinen Glatze nichts mehr zu sehen.

11 Hast du auch nicht vergessen, Jim hinten seinen Knopf auf den Hosenboden zu kleben?

Augsburger Puppenkiste

71

Die Abenteuer von Jim Knopf und Lukas dem Lokomotivführer kannst du nachlesen im gleichnamigen Buch von Michael Ende.

Nach einer Illustration von F.J. Tripp aus:
Michael Ende,
Jim Knopf und Lukas der Lokomotivführer,
erschienen im Thienemann Verlag,
256 Seiten, € 9,90, ISBN 3 522 17650 2

LOKOMOTIVE EMMA

Emma, Lukas' Lokomotive, ist sehr vielseitig. Anders als gewöhnliche Loks, die nur auf ihren Gleisen fahren können, fährt sie auf allen Untergründen, kann auch im Wasser schwimmen und sogar fliegen! Ganz unbeteiligt sind Jim und Lukas nicht an Emmas Fähigkeiten, aber auf alle Fälle ist Emma eine außergewöhnliche Lokomotive mit einem außergewöhnlich freundlichen Charakter.

In „Jim Knopf und die wilde 13" hat Jim übrigens seine eigene Lokomotive namens Molly, die Emmas Tochter ist. Und auch sie verfügt, ganz die Mama, über nicht alltägliche Fähigkeiten.

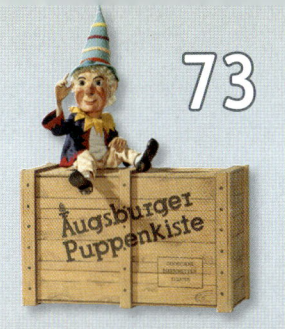

1 Die Einzelteile auf Karton übertragen und ausschneiden. Bitte beachte: Die Kesselspitze, der Kesselaufbau und die Kesselriemen werden aus dünner Pappe gefertigt. Alle Teile (außer den Kesselriemen) mit Filzstift bemalen. Dazu die Motivteile auf eine Malunterlage, z. B. alte Zeitungen, legen und mit nebeneinander gesetzten Filzstiftstrichen in immer der gleichen Richtung bemalen. Auch die Rundhölzer für die Puffer bemalen. Auf das Führerhaus und den Kohlebunker mit dem dünnen Filzstift die Metallnieten aufmalen. Auf die Kesselriemen größere Nieten malen. Den Kesselaufbau, die Kesselspitze, den Schornstein und die Holzhalbkugel mit dunklerem Filzstift, die Räder schwarz und braun bemalen.

2 Das Geodreieck oder ein Lineal an die Falzlinien legen (gestrichelte Linien) und mit dem Cutter vorsichtig den Karton einritzen. Achte darauf, mit nur ganz wenig Druck zu arbeiten, damit du nicht den Karton durchtrennst.

MATERIAL

- dünne Pappe, A4 (Kesselaufbau, Kesselspitze und Kesselriemen)
- dicke Pappe, 50 cm x 70 cm (übrige Teile)
- Rundholz, ø 1,2 cm, 2 x 1 cm (für Puffer), 1 x 1,7 cm (Stütze) und 1 x 20 cm lang (Schornstein)
- Papprolle, ø 8,5 cm, 11,5 cm lang (Kessel)
- Holzhalbkugel, ø 3,5 cm (Kesselaufbau-Abschluss)
- dicke Filzstifte in zwei Grautönen und Braun
- dünner Filzstift in Schwarz
- Bohrer, ø 1,2 cm
- 4 Nägel
- Zirkel

VORLAGE SEITE 128 + 129

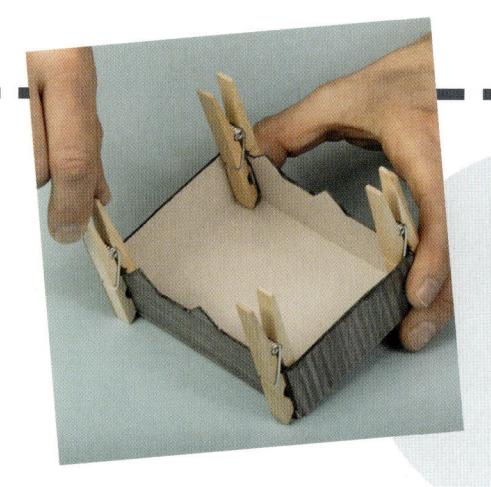

3 Die Teile entlang der Falzkanten sorgfältig falten. Durch das Einritzen vorher geht das ganz einfach.

4 Die Klebelaschen mit Klebstoff versehen, andrücken und mit Wäscheklammern fixieren. So fixiert gut trocknen lassen.

5 Jetzt den Kohlebunker, das Führerhaus, den Unterbau für den Kessel, die Unterbau-Seitenteile und die Front zusammenkleben. Die Puffer und die Räder noch nicht ankleben.

6 Mit dem Bohrer, ø 1,2 cm, ein Loch für den Schornstein in die Kessel-Papprolle bohren. Dazu die Rolle wie auf Seite 10 beschrieben in den Schraubstock einspannen. Die Rolle im selben Farbton wie die übrigen Kesselteile bemalen.

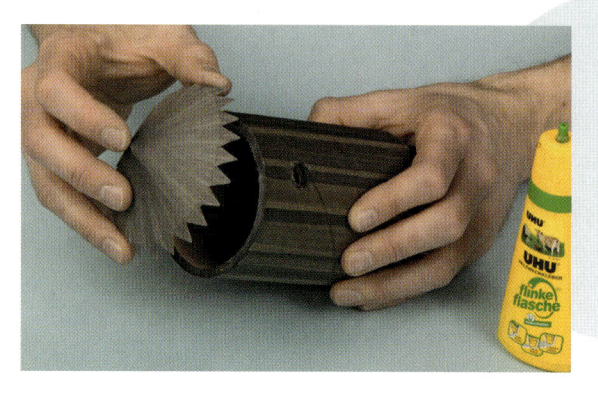

7 Das Kesselende mit einem runden Pappstück verschließen. Die Kesselspitze zusammenkleben und an den Zacken in die andere Seite der Kesselrolle einkleben.

8 Die Kesselriemen um den Kessel kleben. Den Kesselaufbau aus Pappe auf den Kessel hinter die Bohrung kleben. Darauf die Halbkugel setzen. Den Schornstein so tief in die Bohrung stecken, bis er unten anstößt. Dann die kleinen Riemen um den Schornstein kleben. Während des Trocknens mit Wäscheklammern fixieren.

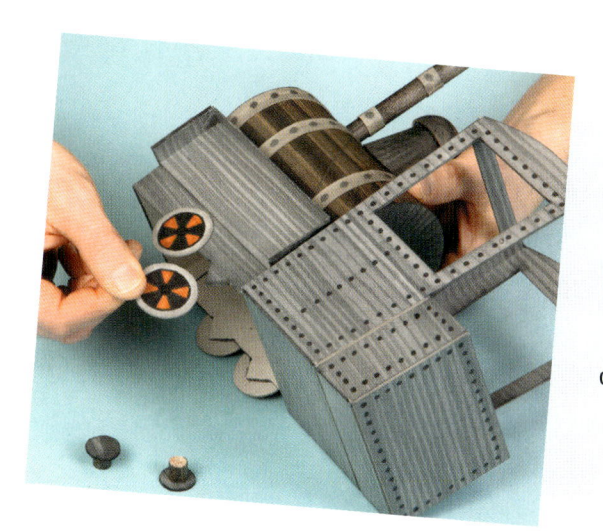

9 An den Seiten die Räder und vorne die Puffer ankleben.

Mal gucken, ob die Emma auch einen guten Stand hat ... Ja, sieht eigentlich ganz gerade aus.

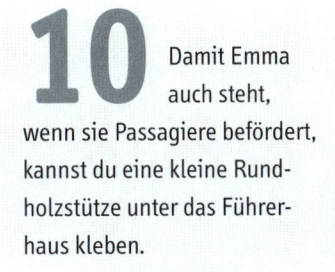

10 Damit Emma auch steht, wenn sie Passagiere befördert, kannst du eine kleine Rundholzstütze unter das Führerhaus kleben.

SCHNEEMANN

Schneemänner zu bauen ist ein ganz besonderes Vergnügen. Woran das liegt? Vermutlich daran, dass man es nur so selten tun kann. Wann gibt es schon mal genügend Schnee? Unseren kleinen Schneemann kann man zum Glück ganz ohne Schnee, also das ganze Jahr über bauen.

Im Stück „Die kleine Hexe" nach einem Roman von Otfried Preußler geht es aber nicht um das Vergnügen, einen Schneemann zu bauen. Vielmehr kommt eine Rasselbande Jungs daher, die den stattlichen Schneemann kaputt machen will. Zum Glück ist die kleine Hexe zur Stelle und erweckt mit ihrer Zauberkunst den Schneemann zum Leben. Da haben die Jungs aber nichts mehr zu lachen. Auch unseren Schneemann haut übrigens nichts um. Er ist ein Steh-auf-Mann und kann nicht umgestoßen werden.

1 Alle Rundhölzer außer dem Besenstiel an einer Seite anspitzen. In das längste Rundholz an der angespitzten Seite ein Loch bohren.

2 In eine Hälfte der teilbaren Styroporkugel die alten Schrauben füllen. Es gehen auch kleine Steine, Sand, Reis o. Ä. Auf dem Herd in einer alten Kanne oder einem alten Topf das Wachsgranulat erwärmen, bis es flüssig ist. Das flüssige Wachs (Achtung: Es ist sehr heiß!) in die Styroporhalbkugel gießen. Das längste Rundholz – es ist die Körperachse – in die Mitte stecken. Das Wachs an einem kühlen Ort fest werden lassen.

3 Das Oberteil der großen Styroporkugel oben mit dem Messer etwas abflachen. Ebenso die anderen Styroporkugeln an zwei Seiten (mittelgroße Kugel) bzw. einer Seite (kleine Kugel) abflachen. Die obere Hälfte der großen Kugel auf das Rundholz aufstecken und auf die untere Hälfte kleben. Ebenso die beiden anderen Kugeln aufstecken und aneinander kleben.

MATERIAL

- teilbare Styroporkugel, ø 15 cm
- je 1 Styroporkugel, ø 12 cm und ø 10 cm
- Styroporei, 6 cm hoch (Füße)
- 2 Holzeier, 4 cm hoch (Hände)
- Rundholz, ø 6 mm, 36 cm lang
- Rundholz, ø 1,2 cm, 2 x 12 cm lang (Arme)
- Rundholz, ø 8 mm, 9 cm (Nase) und 34 cm lang (Besenstiel)
- Zeitungspapier
- Tapetenkleister
- Wachsgranulat
- lufttrocknende Modelliermasse in Weiß
- Zahnstocher
- Bast in Braun
- 12 kleine Wattekugeln
- Acrylfarbe in Weiß, Schwarz, Braun und Orange
- Filzrest in Schwarz
- Nähgarn in Schwarz
- Styropor- oder Bastelkleber
- alte Schrauben o. Ä. (zum Beschweren)
- Bohrer, ø 2 mm, 8 mm und 1,2 cm
- Schnitzmesser
- altes Kännchen oder alter Topf

VORLAGEN SEITE 127

4 Das kleine Styroporei durchschneiden und die Hälften als Füße mit Stecknadeln an der unteren Körperkugel fixieren.

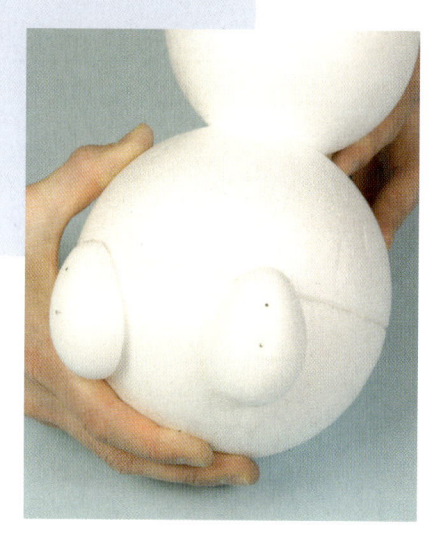

5 In das dickere Ende der Holzeier ein Loch für den Rundholz-Arm bohren. Dafür das Ei wie auf Seite 10 beschrieben in den Schraubstock einspannen. Die Rundholz-Arme einkleben. In eine Hand für den Besenstiel schräg ein Loch bohren. Dafür wieder das Ei in den Schraubstock spannen.

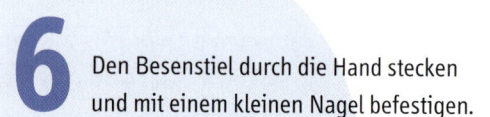

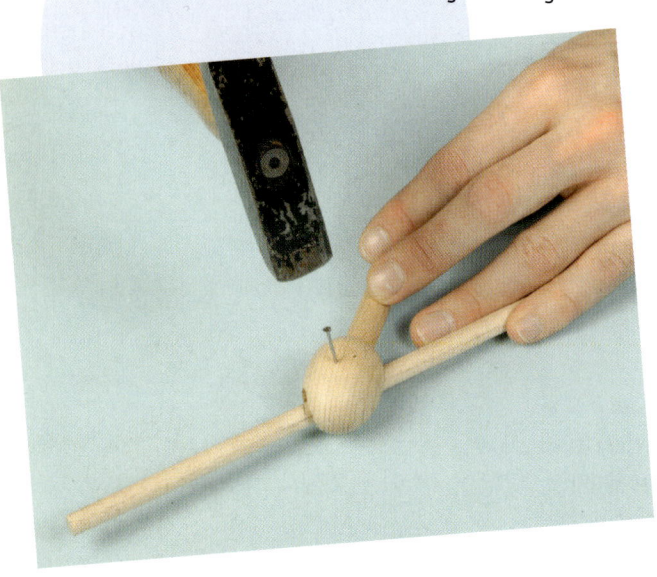

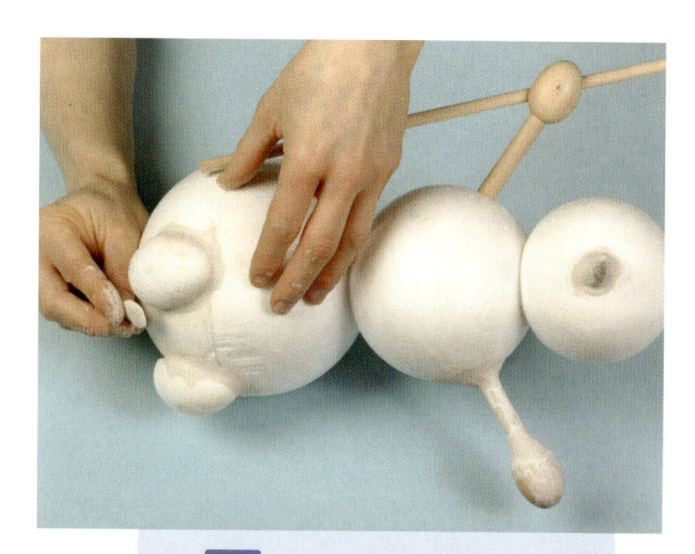

6 Den Besenstiel durch die Hand stecken und mit einem kleinen Nagel befestigen.

7 Ein Rundholz als Nase in den Kopf stecken. Die Arme in die mittlere Kugel stecken. Die Übergänge zwischen den Füßen und den Armen und dem Körper sowie die Übergänge zwischen Händen und Armen und den Übergang zwischen Nase und Kopf mit Modelliermasse kaschieren. Gut trocknen lassen.

8 Das Zeitungspapier in Stücke reißen. Den Tapetenkleister mit Wasser nach den Angaben auf der Packung anrühren. Die Zeitungspapierstücke auf den Schneemann kleistern. Den Schneemann komplett kaschieren, nur der Besenstiel und das Körperachsen-Rundholz bleiben frei. Wiederum trocknen lassen.

9 Den Schneemann weiß anmalen. Die Nase schön karotten-orange bemalen, den Besenstiel braun. Die Wattekugeln schwarz anmalen; am besten geht das, wenn du sie auf Zahnstocher steckst. So kannst du sie festhalten, ohne schwarze Finger zu bekommen. Die Wattekugeln als Augen, Mund und Knöpfe mit Stecknadeln feststecken. Die Stecknadelköpfe schwarz übermalen.

Der Schneemann und sein Erbauer Andreas sind froh, dass alles gut gelungen ist. Die beiden haut so schnell nichts um!

10 Den Bast in gleich lange Stücke schneiden und an den Besenstiel binden.

11 Die Hutteile je einmal auf Karton und auf Filz übertragen und ausschneiden. Die Krempe zusätzlich noch einmal aus Filz schneiden. Erst das Kartongerüst zusammenkleben: Das Mittelteil an den Längsseiten im Zickzack einschneiden und zur Röhre zusammenkleben. Die Röhre auf die Krempe kleben und mit dem runden Teil abschließen. Dann den Papphut mit Filz beziehen.

12 Ein Stück Faden in den Hut ziehen, durch das Körperachsen-Rundholz fädeln und anknoten. Dann den Hut aufziehen. Wenn der Schneemann jetzt angeschubst wird und nach hinten und vorne torkelt, rutscht der Hut lustig auf seinem Kopf hin und her, ohne herunterzurutschen.

81

Augsburger Puppenkiste

Die Abenteuer der kleinen Hexe kannst du nachlesen im gleichnamigen Buch von Otfried Preußler.

Nach einer Illustration von Winnie Gebhardt aus: Otfried Preußler, Die kleine Hexe, erschienen im Thienemann Verlag, 128 Seiten, € 9,90, ISBN 3 522 10580 X

KASPERL UND SEPPEL

„Tritratrullala, der Kasperl, der ist wieder da!" – Wer erinnert sich nicht an diese Ankündigung im Kasperletheater? Der Kasperl der Augsburger Puppenkiste ist natürlich kein gewöhnlicher Kasper, sondern etwas ganz Besonderes. Seit es die Puppenkiste gibt, ist er dabei. In vielen Stücken spielt er die Hauptrolle (er würde behaupten: in jedem Stück), aber er lässt es sich auch nicht nehmen, dort aufzutauchen, wo man ihn nicht unbedingt vermutet. In der Faust-Inszenierung von 1954, die auch im Fernsehen lief, fungierte er beispielsweise als Diener des Doctor Faust. Und im alljährlichen Kabarett hat er, selbstverständlich in breitem Augsburgisch, das erste und das letzte Wort. Und man kann sicher sein, dass er genau das sagt, was er denkt. Ach ja, mit seinem Freund Seppel hat er schon so manches Abenteuer überstanden.

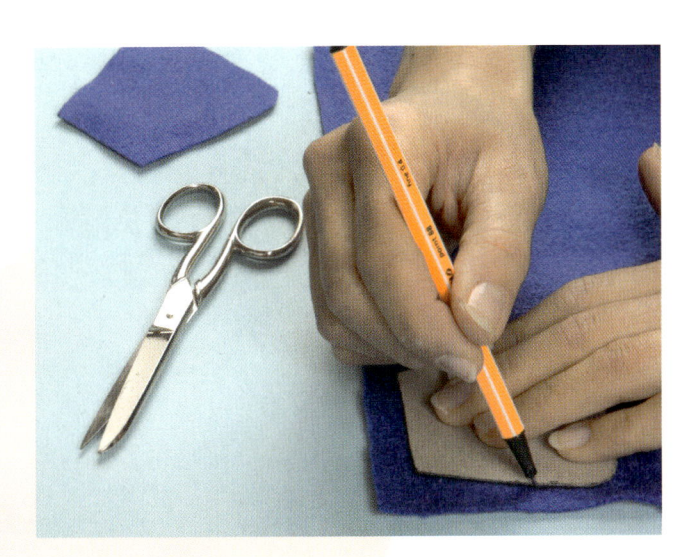

1 Die Vorlagen für die Hemden, Hände und Hüte wie auf Seite 7 beschrieben auf Filz übertragen.

2 In die Kopfkugel ein Loch mit Durchmesser 1,8 cm, also etwas so dick wie ein Finger, bohren. Dazu die Kugel wie auf Seite 10 beschrieben in den Schraubstock einspannen und das Loch mit dem Forstnerbohrer bohren.

MATERIAL PRO FIGUR

- Holzkugel, ø 4 cm
- Holzhalbkugel, ø 1,5 cm
- Acrylfarbe in Weiß und Rot
- feine Permanentmarker in Schwarz und Rot
- Filz in Dunkelblau, Rot, Mintgrün, Hautfarbe und Gelb (Kasperl) oder Rot, Braun, Hautfarbe und Grün (Seppel)
- Puppenzopf oder Bartwolle in Gelb (Kasperl) oder Langhaarplüsch in Braun (Seppel)
- Knopf in Blau, ø 5 mm (Kasperl) oder Blümchen in Weiß-Rot, ø 5 mm
- Glöckchen in Gold, ø 1 cm (Kasperl)
- Forstnerbohrer, ø ca. 1,8 cm

VORLAGEN SEITE 124

3 Die Halbkugel als Nase auf den Kopf kleben. Die beiden Hemdteile seitlich zusammenkleben, dabei die Hände nicht zu weit oben mit einkleben. Zum Trocknen mit Wäscheklammern fixieren. Das Hemd oben etwas zusammenraffen und in die Kopfkugel einkleben. Achte darauf, dass dein Finger noch hineinpasst.

4 Das Gesicht aufmalen: Augen und rote Nase mit dem Pinsel. Für die Wangen Weiß und Rot zu Rosa mischen und mit dem Pinsel auftragen. Mund, Pupillen, Augenbrauen und Lachfältchen mit einem feinen Filzstift aufmalen. Gut trocknen lassen.

5 Die Haare aufkleben. Für Kasperl vom gelben Puppenzopf ein Stück abschneiden und die entstehenden Locken auf den Kopf kleben. Für Seppel den Langhaarplüsch in der passenden Größe zuschneiden und aufkleben. Die Frisur in Form schneiden.

6 Alle Details der Kleidung (Zierborten, Taschen, Kragen, Halstuch, Hose, Hosenträger, Knöpfe) zuschneiden und aufkleben.

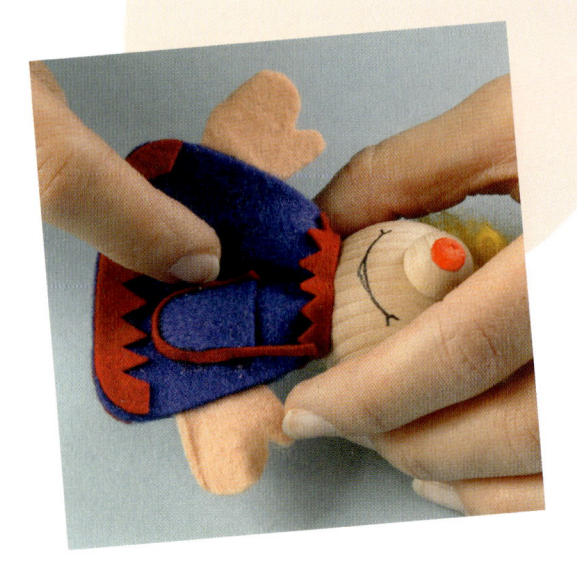

7 Den Hut und die Hutkrempe zuschneiden. Den Hut zur Tüte zusammenkleben.

8 Auf Kasperls Hut die Streifen aufkleben. Den Hut auf die Hutkrempe kleben.

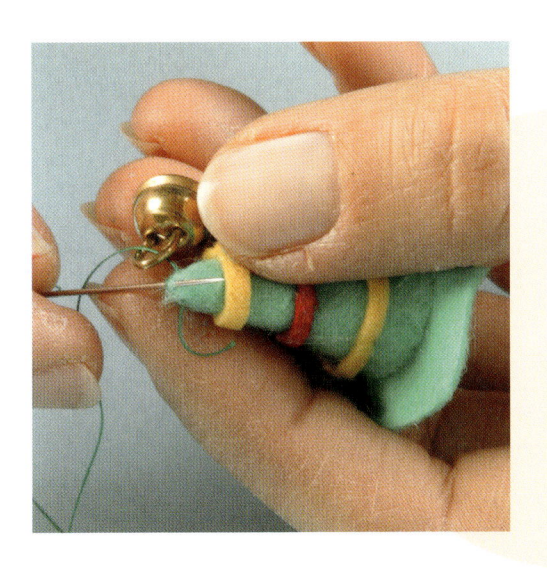

9 An Kasperls Hut noch das Glöckchen annähen und anschließend den Hut auf den jeweiligen Kopf aufkleben.

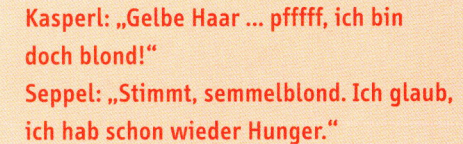

85

Kasperl und Seppel bei einem ihrer Abenteuer. Ob in der Kiste tatsächlich Gold ist?

Kasperl: „Gelbe Haar … pfffff, ich bin doch blond!"
Seppel: „Stimmt, semmelblond. Ich glaub, ich hab schon wieder Hunger."

SCHLUPP

„Schlupp vom grünen Stern" nach dem Buch von Ellis Kaut lief als Vierteiler 1986 im Fernsehen. Regie führte wie auch bei anderen TV- und Theater-Produktionen Sepp Strubel.

Auf dem grünen Stern Baldasiebenstrichdrei werden alle Arbeiten von kleinen Robotern verrichtet, die alle gleich aussehen, sich alle gleichermaßen fleißig verhalten und alle denselben Namen tragen: Schlupp. Aber ein Schlupp ist anders. Er singt gern und liebt es, gestreichelt zu werden. Die Ingenieure vermuten einen Konstruktionsfehler und wollen ihn auf den Müllplaneten schießen. Doch die Zielautomatik ist nicht richtig eingestellt und so landet Schlupp auf der Erde, wo er nach einem Intermezzo bei Frau Beierlein Freundschaft mit Beni Eichpichler schließt.

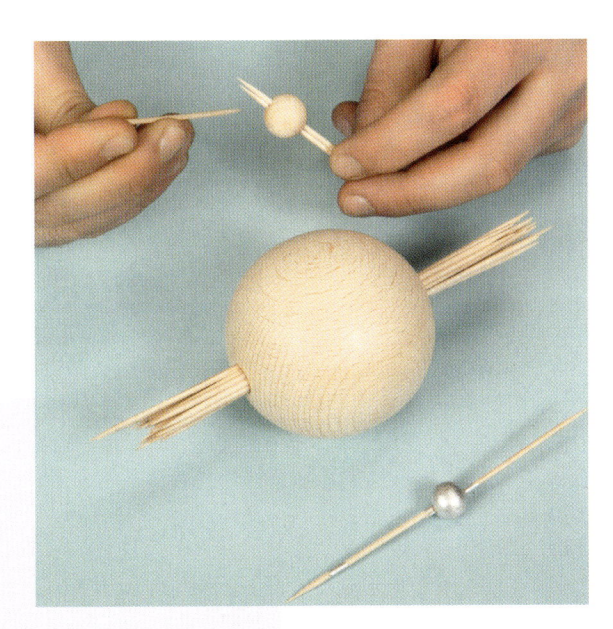

MATERIAL

- durchbohrte Holzkugel, ø 7 cm (Kopf und Körper)
- 4 durchbohrte Holzkugeln, ø 1,5 cm
- 10 durchbohrte Holzkugeln, ø 1 cm
- 2 Holzfüße, 3,5 cm x 2 cm
- 2 Holzhände, 3 cm x 1,5 cm
- Styroporkugel, ø 2,5 cm
- 2 Kulifedern
- 2 lange Nägel
- Lederschnur in Schwarz
- Vierkantholz, 1,3 cm x 1,3 cm, 12 cm lang
- Rundholz, ø 7 mm, 2 x 10 cm lang
- Fotokartonrest in Weiß
- Lackmalstift in Silber
- Permanentmarker in Blau, Lila und Schwarz
- 6 kleine Ringschrauben
- Schraubhaken
- Metallring, ø 2 cm
- kleine Schraube
- starker Faden in Schwarz
- Bohrer, ø 1 mm bis 7 mm

VORLAGE SEITE 125

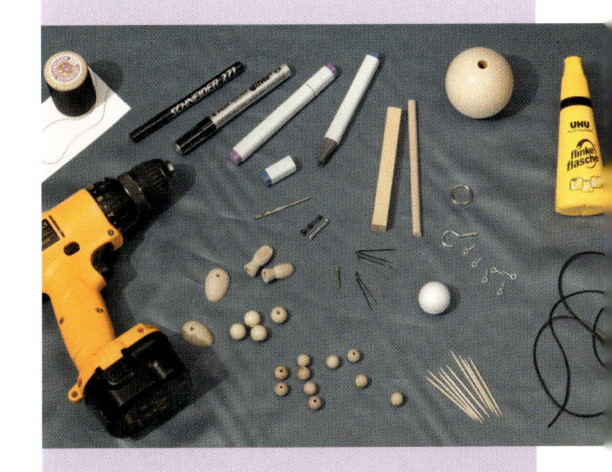

1 Zuerst die Styroporkugel mit dem Messer in zwei Teile schneiden. Am besten lässt du dir dabei von einem Erwachsenen helfen. Dann alle Holzkugeln, die Holzfüße, die Holzhände und eine Hälfte der Styroporkugel mit dem Lackmalstift silbern bemalen. Dazu alle Teile auf Zahnstocher stecken. In die große Kugel steckst du von beiden Seiten jeweils mehrere Zahnstocher. So kannst du die Kugeln gut rundum bemalen und sie zum Trocknen z. B. in ein Stück Styropor stecken.

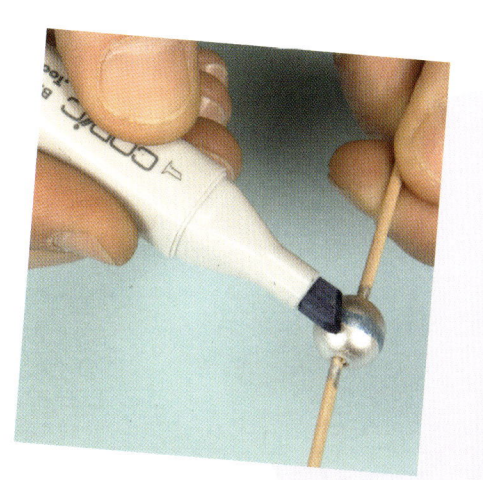

2 Die Kugeln mit Durchmesser 1,5 cm mit Permanentmarker lila bemalen. Auf die kleinen Kugeln (ø 1 cm) einen blauen Streifen mit Permanentmarker malen. Dazu die auf einen Zahnstocher gesteckte Kugel an der Stiftspitze vorbeidrehen, so wird der Streifen schön gerade.

3 Um später die Fäden zu befestigen, je ein Loch in jede Fußspitze und in die Hand bohren. An der Hand setzt außerdem die Bohrung für die Lederschnur in der bereits vorhandenen Öffnung am „Handgelenk" an und tritt auf der Handfläche aus. In die große Kopf-Körper-Kugel unterhalb der vorhandenen Bohrung seitlich je eine Bohrung für die Beine anbringen. Zum Bohren die Holzteile wie auf Seite 10 beschrieben in einen Schraubstock spannen.

4 Eine Lederschnur als Arme durch die Bohrungen in der Kopf-Körper-Kugel stecken. Beidseitig wie abgebildet die Armkugeln auffädeln und jeweils mit einem Knoten sichern.

5 Zwei Lederschnüre als Beine in die entsprechenden Bohrungen kleben. Während des Trocknens mit einem Zahnstocher fixieren. Die Enden der Arme in die Hände einkleben. Mit einem Zahnstocher in die Öffnung an der Handfläche entlang der Lederschnur stechen und den Zahnstocher abbrechen. So ist die Lederschnur fest in der Hand verankert.

6 Die Beinkugeln auffädeln, ebenfalls jeweils mit einem Knoten sichern und zuletzt die Füße wie die Hände befestigen. Die Kopf-Körper-Kugel nochmals in den Schraubstock spannen und vorne seitlich zwei Löcher sowie auf der Rückseite ein Loch für die Ringschrauben bohren.

7 Die Styroporhalbkugel an den Kopf-Körper kleben. Dann die Kulifedern mit langen Nägeln darauf befestigen. Die Nägel behutsam in die Kopf-Körper-Kugel schlagen. Das schwarze Gesichtsfeld aufmalen.

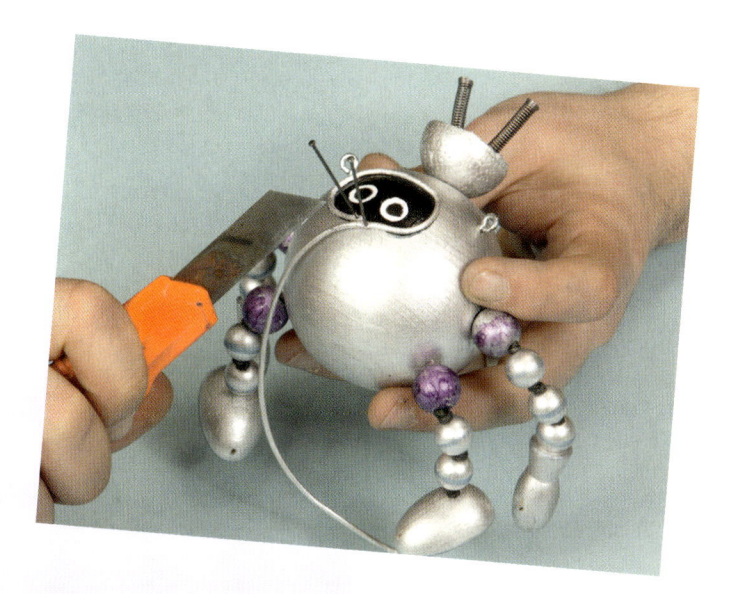

8 Ein Stück Lederschnur silbern bemalen. Während die Lederschnur trocknet, aus Papier die Augen ausschneiden und auf das Gesichtsfeld kleben. Mit schwarzem Permanentmarker die Pupillen aufmalen. Das Gesichtsfeld mit der silbernen Lederschnur umkleben. Damit die Schnur beim Trocknen des Klebers nicht verrutscht, fixierst du sie vorübergehend an den Enden mit Stecknadeln, die du vorsichtig in die Holzkugel hämmerst. Die Enden der Lederschnur mit dem Cutter abschneiden. Sei vorsichtig, dass du dich nicht verletzt.

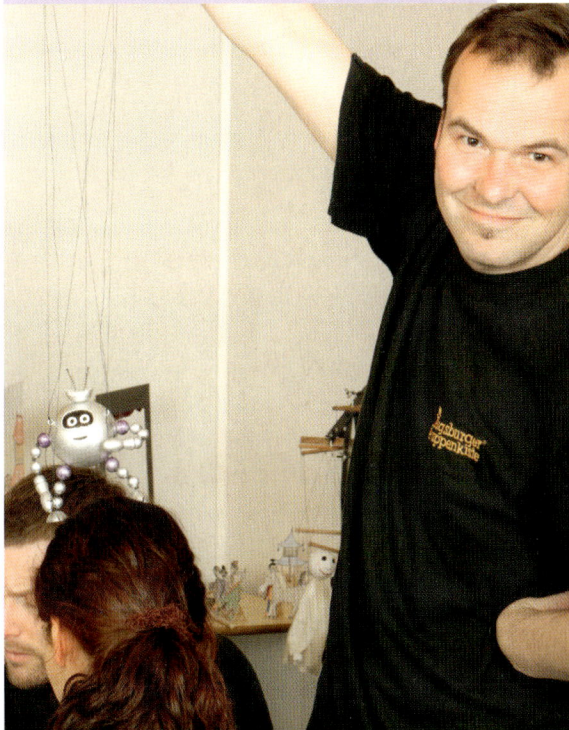

Der kleine Schlupp tanzt gerne auch mal auf dem Kopf von Judith. Hans findet das sichtlich lustig.

9 Mit dem Permanentmarker den Mund aufmalen. Falls Teile des schwarzen Gesichtsfeldes neben der abgrenzenden Lederschnur herausschauen, kannst du sie nochmals mit dem silbernen Lackmalstift übermalen.

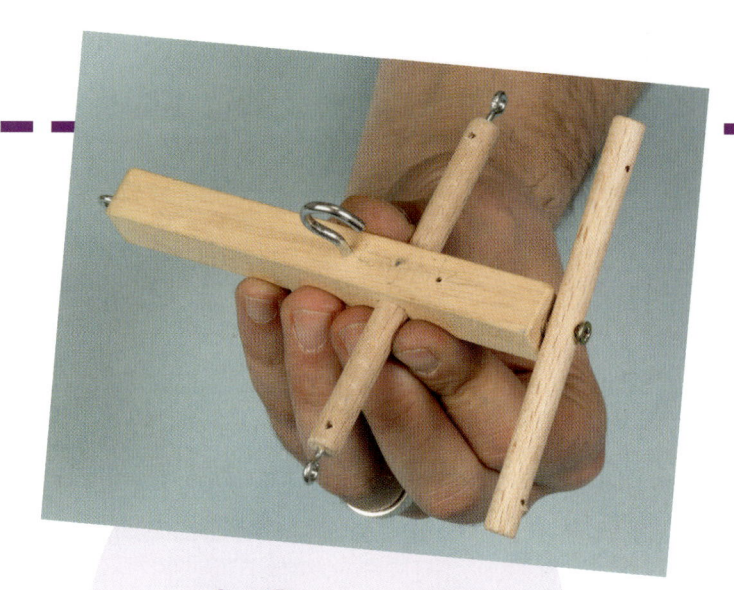

10 Für das Spielkreuz im vorderen Drittel des Vierkantholzes ein Loch mit Durchmesser 7 mm bohren. In die Enden der Rundhölzer Löcher mit Durchmesser 2 mm bohren. Ein Rundholz durch die Bohrung im Vierkantholz stecken und je eine Ringschraube in die Schmalseiten des Rundholzes drehen. Das andere Rundholz mittig durchbohren (ø wie Schraube) und es mit der Schraube an einer Schmalseite des Vierkantholzes befestigen. An der anderen Schmalseite des Vierkantholzes eine Ringschraube eindrehen. Den Schraubhaken befestigen.

11 Den Schlupp gemäß der Skizze von Seite 125 einfädeln. Die Armfäden laufen über Kreuz durch die Ringschrauben am Spielkreuz, damit sie sich gegengleich zu den Armen bewegen.

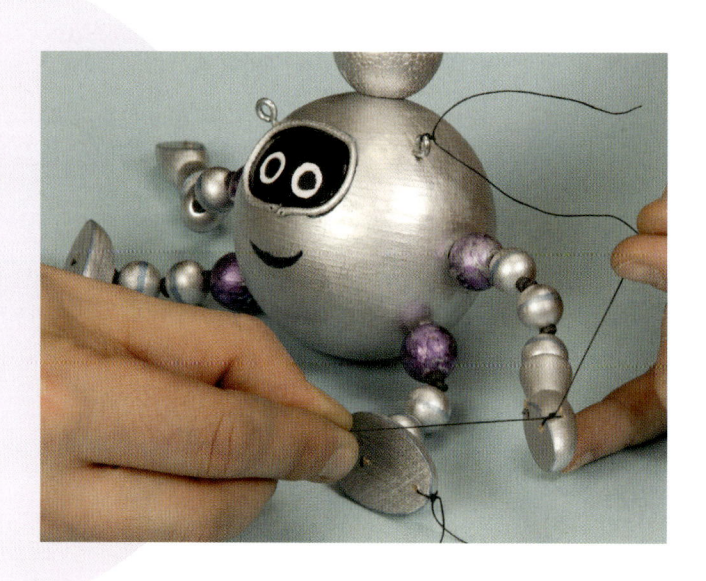

91

Augsburger Puppenkiste

Nach einer Illustration von Brian Bagnall aus: Ellis Kaut, Schlupp vom grünen Stern, erschienen im Lentz-Verlag, 175 Seiten, € 9,90, ISBN 3-88010-130-2

Die Abenteuer von Schlupp kannst du nachlesen im Buch von Ellis Kaut.

ZWERG NASE-MOBILE

„Zwerg Nase" nach einem Märchen von Wilhelm Hauff inszenierte Manfred Jenning 1955. Im selben Jahr wurde es auch verfilmt und im Fernsehen ausgestrahlt. Noch heute kann man diese Inszenierung in der Spitalgasse in Augsburg anschauen.

Jakob, ein kleiner Junge, verhält sich einer alten Frau gegenüber sehr unhöflich. Pech für ihn, dass es sich bei der Alten um die Kräuterfee handelt, die ihn für sein Verhalten folgenreich bestraft: Sie verwandelt ihn in einen kleinen, verwachsenen Kerl mit großer Nase und versetzt ihn in eine Art Trance. In diesem Zustand führt Jakob ihre Küche und kocht für sie. Nach sieben Jahren erst erwacht er aus diesem Zustand und denkt, es sei nur ein Moment vergangen. Doch seine Eltern erkennen ihn nicht mehr. So heuert er, sich an seine Kochkünste erinnernd, beim Fürsten an und bekommt dort den Namen Zwerg Nase. Aber natürlich ist das noch nicht das Ende seines Abenteuers ...

1 Mit der Modelliermasse an jede Holzkugel eine Nase (bzw. im Falle der Gans einen Schnabel) modellieren. Merke: Je verschiedener die Nasen, desto lustiger das Mobile. Gut trocknen lassen (am besten über Nacht).

2 Die Nasen und ihre Übergänge auf die Holzkugeln mit Schleifpapier glätten. Dann die Köpfe bemalen: aus Weiß, Gelb und Rot kannst du eine schöne Hautfarbe mischen, die böse Kräuterfee wird ein bisschen röter und bekommt auch noch einen Hauch Schwarz in ihre Gesichtsfarbe gemischt. Trocknen lassen und dann die Gesichter aufmalen. Wieder gut trocknen lassen, dann die Frisuren und den Bart des Zauberers anbringen.

MATERIAL

- 6 durchbohrte Holzkugeln, ø 4,5 cm
- lufttrocknende Modelliermasse in Weiß
- Acrylfarbe in Rot, Gelb, Weiß, Blau, Grün, Lila und Schwarz
- Wolle in Grau, Natur und Gelb
- Hanf (Frisur Hexe)
- Feder in Weiß
- Füllwatte
- Filzreste in Lila, Gelb, Schwarz, Weiß, Hellgrün, Dunkelgrün, Orange, Rot, Blau und Grau
- Stoffrest in Rot
- Papprest
- 8 Holzperlen in Schwarz, ø 8 mm
- 7 Holzperlen in Schwarz, ø 5 mm
- Rundholz, ø 1 cm, 53 cm, 39 cm und 25 cm lang
- Luftschlange
- Floristen-Kreppband in Grün
- Schleifenbänder in Gelb und Violett, je 25 cm lang
- Spitzenband, 25 cm lang
- Ring, ø 1,5 cm (zum Aufhängen)
- Bohrer, ø 2 mm

VORLAGEN SEITE 118

3 Den Gänsekopf weiß anmalen, den Schnabel orange (aus Gelb und Rot gemischt). Trocknen lassen und die Augen, Nasenlöcher und die Schnabeltrennlinie aufmalen. Wieder trocknen lassen. Etwas Füllwatte auf den Kopf kleben, damit die Gans schön flauschig aussieht.

4 Um die Köpfe an den Aufhängefäden zu befestigen, eine kleine Holzperle auf einen Faden fädeln und anknoten. Dann durch eine Kopfkugel ziehen.

5 Die Holzperlen mit Krägen aus Filz umkleben. Dann Schleifen aus Satin- oder Spitzenband umbinden, bei Mimi, der Gans, den Filzkragen mit Füllwatte umkleben. Von hinten die weiße Feder ankleben.

6 Die Rundhölzer bunt bemalen. In ihre Enden Löcher bohren; dazu die Hölzer wie auf Seite 10 beschrieben in den Schraubstock einspannen. Je zwei Köpfe an einem Rundholz befestigen; dazu den Faden, an dem der Kopf bereits befestigt ist, durch die Bohrung fädeln und anknoten. Darauf achten, dass die Fadenlängen bei beiden Köpfen nicht zu unterschiedlich sind.

7 Jetzt den Schwerpunkt eines jeden Rundholzes ermitteln: Dazu um das Rundholz eine Fadenschlinge legen und den Stab ausbalancieren. Wenn du mit der Schlinge den Punkt gefunden hast, an dem der Rundholzstab waagrecht hängt, markierst du ihn mit einem Stift. Dort ein Loch bohren (das Rundholz wieder in den Schraubstock einspannen). So mit allen drei Stäben verfahren.

Die Gans Mimi und ihren Vater, den Zauberer Wetterbock, siehst du oben. Auf dem unteren Foto siehst du Sabine, die sich über ihr schönes Nasen-Mobile freut.

8 Für die Wunderblume „Nies-mit-Lust" die Vorlagen für die Blätter mehrfach auf Filz in allen Farben übertragen. Die Blätter ausschneiden. Immer zwei Blätter in verschiedenen Farben aufeinander kleben.

9 Mehrere Stücke von der Luftschlange mit dem Cutter auf der Schneideunterlage in feine Streifen schneiden. Wie Kräuselband, das man für Geschenke nimmt, vorsichtig über der Scherenklinge kringeln.

10 Das Bündel Luftschlangenlocken zusammenfassen und einige Filzblätter darum legen. Mit Floristenkreppband umwickeln, wieder Filzblätter anlegen, wieder umwickeln usw., bis alle Filzblätter befestigt sind. Den restlichen Luftschlangenstiel fest mit Kreppband umwickeln.

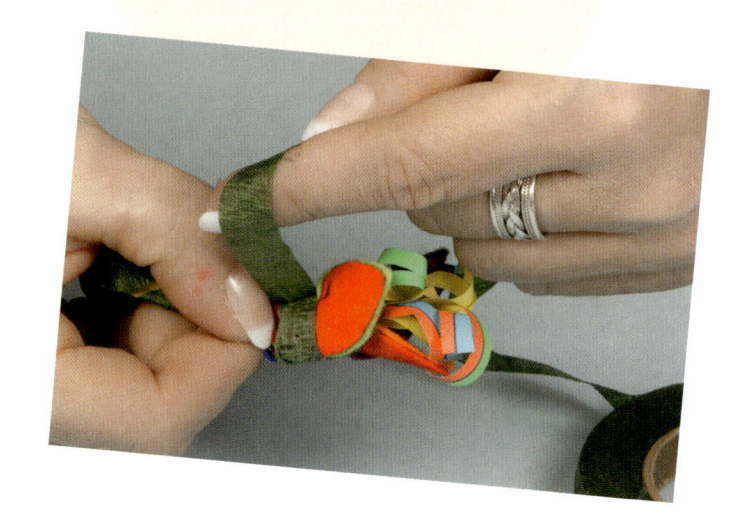

11 Einen langen Faden an die Wunderblume knoten, eine große Perle auffädeln und den Faden nochmals durch die Perle hindurchführen, damit sie an Ort und Stelle bleibt. Eine kleine und noch eine große Perle auffädeln, dann im Abstand eine kleine Perle auffädeln und wieder mit einer Fadenschlaufe, noch besser mit einem Knoten, befestigen. Das kürzeste Rundholz auffädeln und wieder eine kleine Perle aufziehen. So alle Rundstäbe übereinander befestigen. Ganz oben einen Ring anknoten, an dem das Mobile aufgehängt werden kann.

97

Jakob und seine Mutter verkaufen Gemüse und Kräuter auf dem Markt. Die hässliche alte Frau benimmt sich sehr merkwürdig und Jakob behandelt sie nicht besonders freundlich, aber eher aus Angst, denn aus Unhöflichkeit. Das sieht ihm die Kräuterfee nicht nach: Sie verwandelt ihn in Zwerg Nase.

DERGL

Auf dem Apfelstern im weiten Weltall leben die Dergln. Die Dergln sehen lustig und harmlos aus, mit ihnen ist jedoch nicht zu spaßen. Das merken auch sehr schnell der Matrose Heiko Zweilinks-Zweirechts, die Porzellanprinzessin Ria aus Rio, der Chinaboy, die Matrjoschka-Puppe Grusinchen und der Kugelfisch, die durch eine Verkettung merkwürdiger Zufälle auf dem fernen Planeten gelandet sind. Kaum haben sie sich ein bisschen umgeschaut, werden sie auch schon von den Dergln mit Apfelpfannkuchen beschossen, was nur dem Kugelfisch behagt: „Gar nicht schlecht – rülps!"

Zum Glück schließen die Dergln und die Eindringlinge bald Frieden, auch wenn sich die Maus auf ihrer saublöden Umlaufbahn gerade so schön an der Rauferei ergötzt hat.

„Fünf auf dem Apfelstern" lief 1981 während der Weihnachtsfeiertage im Fernsehen und wird aufgrund seiner außergewöhnlichen Geschichte von so manchem Fan als ein Highlight der Puppenkiste angesehen.

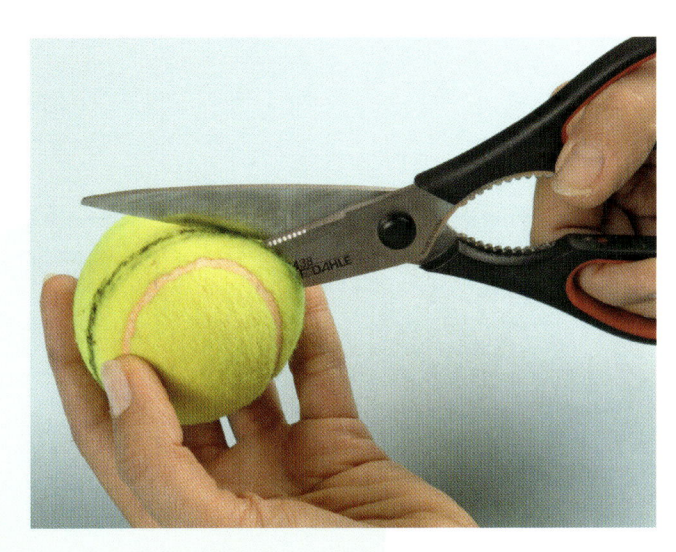

99

MATERIAL

- halb gebohrte Holzkugel, ø 4,5 cm (Kopf)
- 2 durchbohrte Holzkugeln, ø 1 cm (Hände)
- 2 Holzperlen in Braun, ø 8 mm (Körperbefestigung und Kopfputz)
- Rundholz, ø 7 mm, 6 cm (Hals) und 12,5 cm lang (Spielkreuz)
- Acrylfarbe in Braun, Weiß, Grün und Schwarz
- Tennisball
- Stoff in Veloursoptik in Braun
- Filzrest in Grün
- Bleiband, 2 x 7 cm lang (Arme)
- getrocknete Kichererbsen o. Ä. (zum Befüllen)
- Kulifeder
- Feder in Weiß
- 2 Knöpfe in Weiß, ø 1,1 cm
- 3 kleine Ringschrauben
- Faden in Schwarz in zwei Stärken
- Nähgarn in Braun
- Schraubhaken
- Bohrer, ø 2 mm
- Heißkleber

VORLAGEN SEITE 123

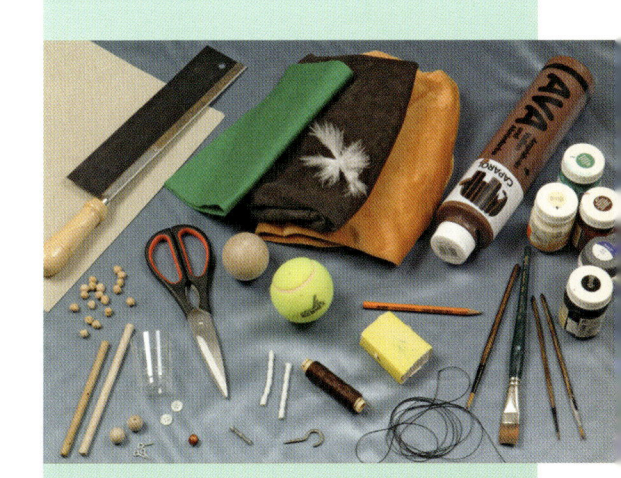

1 Für den Oberkörper mit einer guten Schere und viel Geduld von einem Tennisball ein Drittel abschneiden. Das schwierigste ist, ein Loch in den Ball zu bekommen. Lass dir unbedingt von einem Erwachsenen helfen!

2 Ein Stück Stoff um das Tennisballdrittel kleben. Überstehende Ecken im Inneren des Tennisballs festkleben.

4 In den Kopf drei Löcher mit Durchmesser 1 mm bohren: zwei seitlich für die Ringschrauben und eines unten in der Mitte für eine Ringschraube. Für die Kulifeder oben in der Mitte des Kopfes ein Loch mit Durchmesser 4 mm bohren. Zum Bohren wie auf Seite 10 beschrieben die Kugel in den Schraubstock spannen. Ebenfalls im Schraubstock eingespannt das Halsrundholz an beiden Enden durchbohren.

3 Die Kopfkugel zu drei Viertel braun, zu einem Viertel grün anmalen. Darauf achten, dass die Bohrung als Mund nach vorne zeigt. Die Handperlen braun, die Bleiband-Arme und das Rundholz für den Hals grün bemalen. Gut trocknen lassen. Die Knöpfe als Augen ankleben. Das Muster auf den Kopf und die Streifen auf den Hals malen.

5 Für die Halsbefestigung mit dem Vorstecher ein Loch in den Oberkörper bohren. Pass bitte auf, dass du nicht abrutschst.

6 Die Halskrause aus Filz ausschneiden. Mit der Nadel einen Faden erst durch das Loch im Tennisball-Oberkörper fädeln, dann durch die Halskrause, das Halsrundholz, wieder die Halskrause und zurück in den Oberkörper ziehen.

„Dergl, dergl, dergl!" Judith hat die Fäden in der Hand.

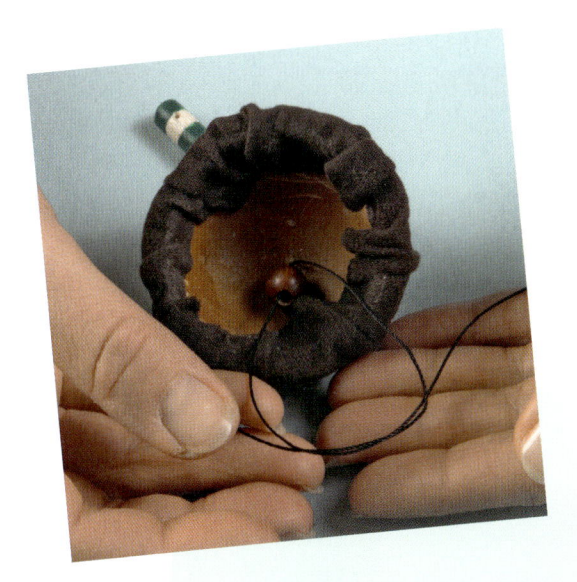

7 Im Inneren des Tennisballs die kleine Holzperle an den Faden knoten. Sie hält den Hals an seinem Platz auf dem Oberkörper. Die Fadenenden abschneiden.

8 Die Hände an die Arme kleben. Ein rundes Stück Stoff als Unterkörper an den Tennisball nähen. Dabei die Arme mit einnähen. Wenn beide Arme eingenäht sind, den Unterkörper mit Kichererbsen füllen, bis er schön schwer ist. Die Naht schließen.

9 Die Ringschrauben in den Kopf drehen. Als Kopfputz mit Heißkleber die Kulifeder einkleben und mit einer Feder und einer Holzperle schmücken. Mit einem Faden Kopf und Hals verbinden.

10 Seitlich in das Rundholz für das Spielkreuz je ein Loch bohren. Je einen Faden an die Rundschrauben im Kopf knoten und an den Bohrungen im Rundholz befestigen. Einen Faden an einem Arm über der Hand anknoten, durch eine Bohrung im Rundholz fädeln, durch die andere Bohrung im Rundholz führen und am zweiten Arm anknoten.

Die Dergln sind wirklich clever. Ihr Anführer hat durch Belauschen eines Telegramm-Satelliten die Erdensprache gelernt – stopp. Und singen können sie auch ganz wunderbar.

DAS KLEINE GESPENST

Seit 1994 tritt „Das kleine Gespenst" nach dem Buch von Otfried Preußler in der Augsburger Puppenkiste auf. Aber eigentlich lebt es auf der Burg Eulenstein und unterhält sich gerne mit seinem Freund Herrn Schuhu, dem auf der Burg ansässigen Uhu. Am liebsten würde es mal die Welt bei Tag sehen, was naturgemäß ein schwieriges Unterfangen für ein kleines Nachtgespenst ist. Durch einen Zufall geht der Wunsch des kleinen Gespenstes in Erfüllung, doch, oh Schreck, das Tageslicht macht das eben noch blütenweiße Geistlein zu einem schwarzen Gespenst. Von einer Schulklasse erschreckt, flüchtet es in einen Brunnenschacht und gelangt in die Stadt Eulenberg, wo es für reichlich Verwirrung sorgt. Aber vor allem fragt es sich: Wie komme ich zurück auf meine Burg und wie werde ich wieder weiß?

1 In die Holzkugel ein Loch mit Durchmesser 1 cm bohren. Dazu die Kugel wie auf Seite 10 beschrieben in den Schraubstock einspannen. In das Loch wird später das Kleid eingeklebt. Die Halbkugel als Nase auf den Kopf kleben. Den Kopf und die Handperlen weiß bemalen und gut trocknen lassen. Die Augen und den Mund aufmalen. Für die Bäckchen Weiß mit wenig Rot mischen. Trocknen lassen.

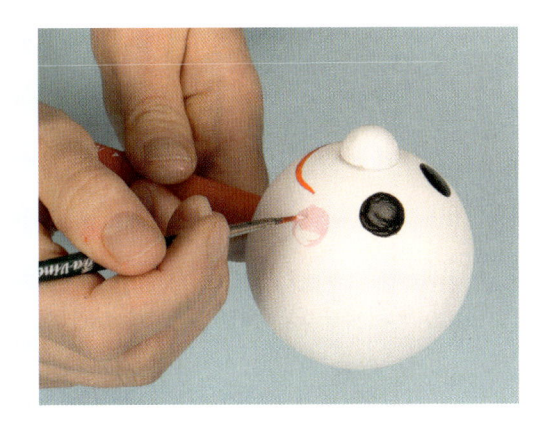

2 Das Kleid zuschneiden. Der Zuschnitt hat die Form eines Kreuzes mit vier gleich langen Armen. Einen Arm auf den anderen falten, es entsteht eine T-Form, und das Kleid entlang der Seiten zusammennähen. Unten und an den Ärmeln bleibt es offen.

3 Für die Ringschrauben zwei kleine Löcher seitlich in den Kopf bohren. Auch dazu die Kugel in den Schraubstock spannen. Das Kleid oben am Hals zusammenraffen, mit etwas Klebstoff bestreichen und in die große Kopfbohrung stecken.

MATERIAL
- Holzkugel, ø 6 cm
- 2 durchbohrte Holzkugeln, ø 2,5 cm
- Holzhalbkugel, ø 2 cm
- Seide in Weiß
- Rundholz, ø 1 cm, ca. 2 cm lang
- Rundholz, ø 8 mm, 2 x 13 cm lang
- 3 kleine Ringschrauben
- Schraubhaken
- starker Faden in Schwarz
- Papprest
- Kordel in Braun, 20 cm lang
- Acrylfarbe in Weiß
- Lackfarbe in Rot und Schwarz
- Nähgarn in Weiß
- Bohrer, ø 2 mm und ø 1 cm

VORLAGEN SEITE 120

4 Mit dem kurzen Rundholzstück die Bohrung verschließen. So sitzt das Kleid schön fest am Kopf.

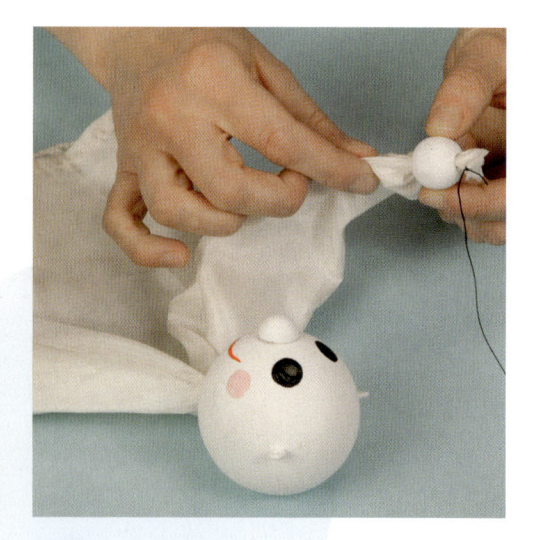

5 Die Ärmelenden ebenfalls zusammenraffen und durch die Handperlen ziehen.

6 Den Aufhängefaden für den Arm an den Ärmel knoten, den überstehenden Stoff mit Alleskleber einstreichen und in die Handperle hineinziehen. Den Klebstoff trocknen lassen.

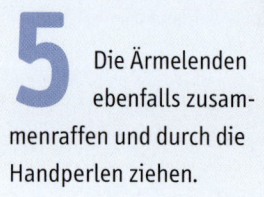

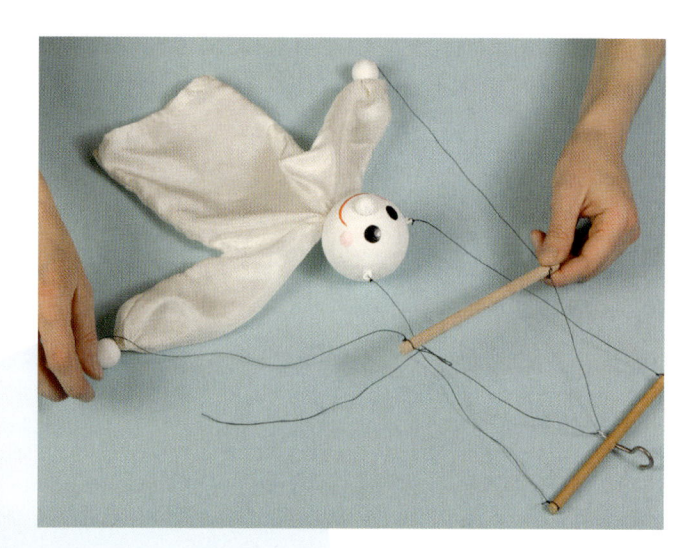

7 Die Rundhölzer seitlich durchbohren (siehe Seite 10), in die Mitte des einen eine kleine Ringschraube eindrehen. Die Fäden wie abgebildet anbringen: Die Kopffäden seitlich an das Rundholz knoten, an dem auch die Ringschraube befestigt ist. Die Armfäden an das andere Rundholz knoten. An ein Loch dieses Holzes einen weiteren Faden knoten, durch die Ringschraube im anderen Holz ziehen und am anderen Loch des ersten Holzes festknoten. Den Schraubhaken eindrehen.

8 Die Schlüssel auf Pappe übertragen, ausschneiden, auf die Kordel fädeln und dem Gespenst an die Hand knoten.

107

Augsburger Puppenkiste

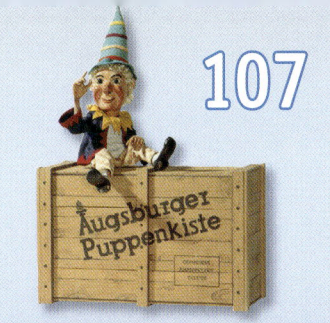

Die Abenteuer des kleinen Gespensts kannst du nachlesen im gleichnamigen Buch von Otfried Preußler.

Nach einer Illustration von F.J. Tripp aus: Otfried Preußler, Das kleine Gespenst, erschienen im Thienemann Verlag, 136 Seiten, € 9,90, ISBN 3 522 11080 3

REPORTAGE

Augsburger Puppenkiste

109

PUPPENBAU PROFESSIONELL

So entsteht eine Marionette der Augsburger Puppenkiste

Jürgen Marschalls Werkstatt liegt ein paar Straßen entfernt von der Puppenkiste in der Spitalgasse. Hier im heimelig eingerichteten Gewölbekeller, etwas abseits vom Theatertrubel, kann er in Ruhe die sympathischen Charaktere schnitzen, denen die Herzen der Zuschauer zufliegen. Hier steht seine große Werkbank, darauf die vielen scharfen Schnitzmesser. Hier stehen die Kisten mit Rundhölzern, Haken und Holzblöcken. Hier hängen die Puppen, an denen er gerade arbeitet, sowie einige fertige Figuren. Manche hat noch seine Mutter, Hannelore Marschall-Oehmichen, geschnitzt. Auf die Frage, wie er sich erklärt, dass die Marionetten der Puppenkiste so ohne Ausnahme liebenswert sind, meint er, dass sei eben der Stil seiner Mutter gewesen, den er so gut es geht fortführt. Wenn man seinen derzeitigen Liebling betrachtet, ein Rhinozeros, dessen breites Maul von einem einnehmenden Lächeln umspielt wird, kann man nur bestätigen, dass ihm das ganz und gar gelingt.

Die Marionetten werden aus Lindenholz geschnitzt. Es ist weich, fasert nicht aus und muss am besten acht bis zehn Jahre gelagert worden sein, damit es nicht mehr arbeitet, also sich nicht mehr verzieht oder Risse bekommt, wenn es zu einer Puppe verwandelt wird. In Form von ein Meter langen Vierkanthölzern, 10 cm x 10 cm, steht es in der Werkstatt bereit und wartet darauf, zum Leben erweckt zu werden.

Jürgen Marschall ist nicht nur für das Schnitzen der Figuren zuständig. Er ist zusammen mit seinem Bruder Klaus Inhaber der Augsburger Puppenkiste, er managt auch das Bistro im Theater und hilft bei den Aufführungen mit. In der Puppenkiste zu arbeiten, ist nichts, was man nur zu festen, geregelten Zeiten tut. Die Puppenkiste ist immer dabei, sie bestimmt das ganze Leben. Wie lange er an einer Puppe schnitzt, kann er nicht sagen. Es kommt eben ganz darauf an, wie eilig etwas ist oder wie es läuft. Mancher Kopf lässt sich an einem Vormittag erstellen, ein anderer braucht mehrere Tage und mehrere Anläufe. In Hochzeiten, wenn zum Beispiel die Proben für das alljährlich wechselnde Kabarett losgehen, schnitzt er auch mal vierzig Puppen in einem Monat.

In der Regel bespricht der Regisseur mit dem Puppenschnitzer, welche Figuren gemacht werden müssen und wie sie aussehen sollen. Wichtig ist auch, was die Figur können muss. Gerade denkt Jürgen Marschall zum Beispiel darüber nach, wie er den

Jürgen Marschall in seiner Werkstatt

Die Brüder Jürgen (links) und Klaus Marschall (rechts) mit ihrer Mutter Hannelore Marschall-Oehmichen

Manchmal arbeitet Jürgen Marschall nach Vorlagen. Dann orientiert er sich an den Illustrationen eines Buches oder er arbeitet nach dem lebenden Vorbild, etwa wenn er Politiker schnitzt, die im Kabarett auftreten. Sehr gerne fertigt er Tiere an. Da orientiert er sich an Tierbüchern, vor allem informative Kinderbuchreihen sind sehr hilfreich, wenn es um die Anatomie der Tiere geht. Auch wissen alle seine Freunde und Bekannte um seine Liebe zu Tieren und bringen ihm von ihren Zoobesuchen Broschüren und Postkarten mit.

Schwertschlucker, der für eine Szene des alljährlich wechselnden Kabaretts gewünscht wird, bauen soll. Ein Schwertschlucker muss den Mund so weit öffnen können, dass die Schwertschneide hineinpasst. Er muss den Kopf nach hinten klappen können und in seinem Bauch muss genügend Platz für die Länge des Schwertes sein. Alles eine Frage der Technik. Und wo bekommt man so ein kleines Schwert her? Wird das auch gebaut? Nein, es gibt doch Brieföffner, die wie kleine Schwerter aussehen. Auch was die Requisiten anbelangt, macht sich Jürgen Marschall Gedanken. Einige der Puppenspieler fungieren zwar als Requisitenbeauftragte, aber letztendlich denken alle Beteiligten permanent mit und tragen zusammen, was gebraucht wird. Oder was man mal brauchen könnte.

Geschnitzt wird an einer Figur alles, was man sieht, also alles, was später nicht von der Kleidung bedeckt wird. Eine Ausnahme ist der Oberkörper von weiblichen Figuren, der immer geschnitzt wird. So kann die Puppe auch mal ein Dekolleté tragen. Bei großen Figuren setzt der Puppenbauer auch hohle Holzteile ein, damit sie leichter sind und die Puppenspieler sich nicht so plagen müssen. Ein weiteres Material zur Gewichtsreduktion ist Schaumstoff, der, an den richtigen Stellen eingesetzt, die Figur auch beweglicher macht.

Eine menschliche Figur besteht aus dreizehn Teilen – „eine Glückszahl", wie Jürgen Marschall schmunzelnd bemerkt: aus dem Kopf, dem Schulter-Körper-Kreuz, zwei Armen, zwei Händen, dem Hinterteil, zwei Oberschenkeln, zwei Unterschenkeln und zwei Füßen. Je weniger die Puppe anhat bzw. je körperbetonter ihre Kleidung ist, desto mehr Einzelteile müssen akkurat geschnitzt sein. Da die drei Turner, die gerade in Arbeit sind, nur enge Trikots tragen werden, müssen auch ihre Körperteile komplett geschnitzt werden.

Jürgen Marschall mit dem Rhinozeros

Eine „normale" menschliche Figur fertigt Jürgen Marschall ohne Vorlage an. Zuerst zeichnet er die Mittellinie auf den Kopf und teilt die Gesichtsfläche in acht gleichgroße Felder. So sind die Stirn-, Augen-, Nasen-, Mund- und Kinnpartie festgelegt und die Proportionen stimmen. Dann spannt Jürgen Marschall den Block in den Schraubstock und beginnt, das Gesicht zu schnitzen. Nach und nach kommen die Nase, die Wangen, Augenhöhlen, Mund und Kinn zum Vorschein.

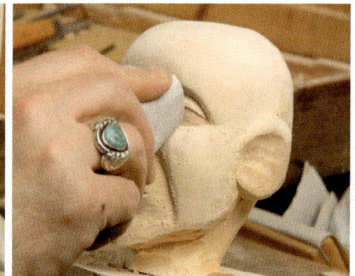

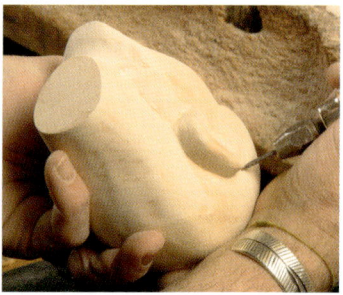

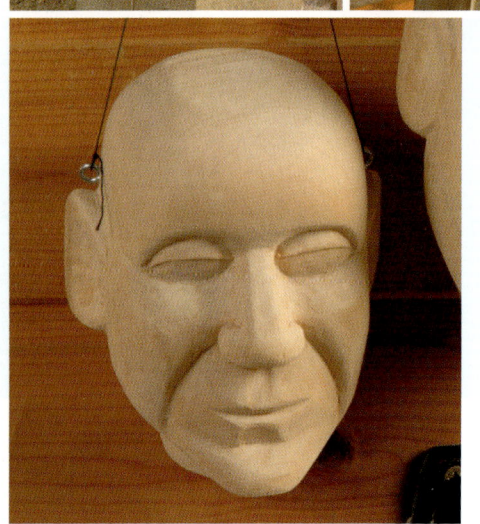

Ist das Gesicht herausmodelliert, nimmt sich Jürgen Marschall der Ohren an. Sie müssen in Proportion und Höhe zum Gesicht passen. Die Seiten schneidet er mit der Handsäge grob zu, dann arbeitet er mit den Schnitzmessern die Ohrmuscheln heraus. Auch Mund und Augen sowie insgesamt die Gesichtszüge werden verfeinert. Anschließend werden der Hinterkopf und der Nacken geschnitzt. Zum Schluss glättet Jürgen Marschall sorgfältig die Oberfläche des Holzes mit Schleifpapier und bohrt mit dem Körner Löcher in die Schläfen, in die er – ganz wichtig zum Befestigen der Fäden – Ringschrauben eindreht.

Nach dem Kopf arbeitet Jürgen Marschall an den Händen weiter. Die Puppenspieler, zu deren Aufgaben es auch gehört, in der Werkstatt an Bühnenbildern, Requisiten-, Puppenbau etc. mitzuwirken, haben die Handrohlinge schon vorbereitet: Holzstücke, an denen die Finger schon eingesägt wurden. Jürgen Marschall bringt die Hände jetzt in Form und glättet auch sie mit Schleifpapier. Die Unterarme bestehen aus kurzen, seitlich abgeflachten Rundholzstücken. Die Hände und Unterarme werden eingekerbt und mit einem Stück Leder beweglich miteinander verbunden.

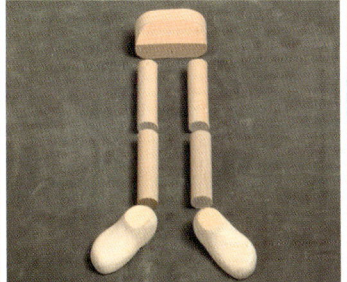

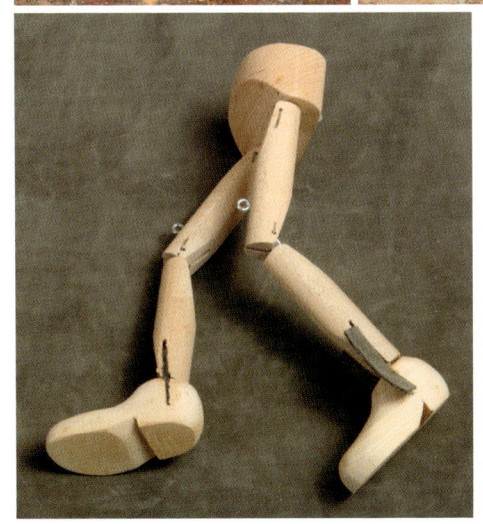

Die Füße werden aus vorgesägten Klötzen geschnitzt. Dabei gilt es zu bedenken: Trägt die Puppe Schuhe oder geht sie barfuß? Auch muss man daran denken, dass sie einen linken und einen rechten Fuß braucht.
Bei kleinen Figuren wie Mäusen, Schmetterlingen, Fledermäusen etc. werden die Füße manchmal aus Blei gegossen, damit die Marionetten mehr Gewicht bekommen. Die Spielbrücke befindet sich schließlich 2,30 Meter über der Bühne und die Puppen sind an entsprechend langen Fäden aufgehängt. Da ist es wichtig, dass auch kleine Figuren das nötige Gewicht und einen günstig gelegenen Schwerpunkt haben.
Das Hinterteil bildet ein vorgefertigtes Stück Holz mit einer eingedrehten Ringschraube, die Beine bestehen wie die Unterarme aus Rundhölzern, die eingekerbt werden. Wiederum werden die Einzelteile, also Hinterteil, Oberschenkel, Unterschenkel und Füße mit Lederstücken miteinander verbunden. So ist die Marionette schön flexibel und bewegt sich in den Gelenken (fast) wie ein Mensch.

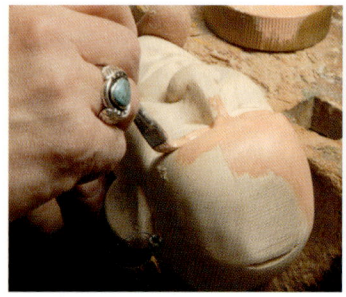

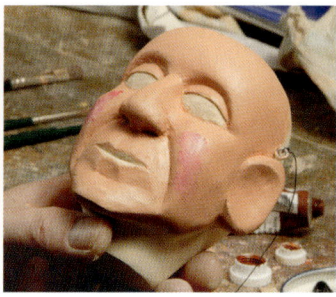

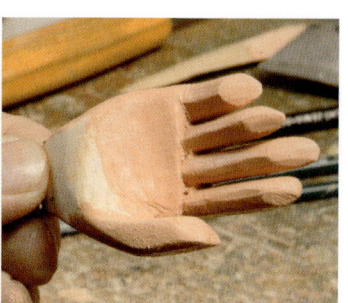

Jürgen Marschall bemalt die fertig geschnitzten und glatt geschmirgelten Teile mit Ölfarben, die schön glänzen und wasserfest sind. Wenn eine Puppe mal bei einem Auftritt einen Macken abbekommt – was oft vorkommt: Holzköpfe sind bekanntlich hart –, kann man den Flecken abradieren. Außerdem kann man über Ölfarben drüberschminken. So kann man einer Puppe beispielsweise ein vorübergehendes blaues Auge schminken – eine Möglichkeit, die gerade bei Fernseh- und Filmproduktionen sehr praktisch ist. Alle sichtbaren, geschnitzten Teile müssen bemalt werden – es sei denn, sie werden wie bei dieser Puppe die Schuhe, später mit Stoff o. Ä. überklebt. Nach dem Bemalen werden die Augäpfel auf dem Kopf angebracht. Dabei handelt es sich meist um Zier- oder Polsternägeln, die manchmal lackiert sind. Sie reflektieren das Licht auf der Bühne gut.

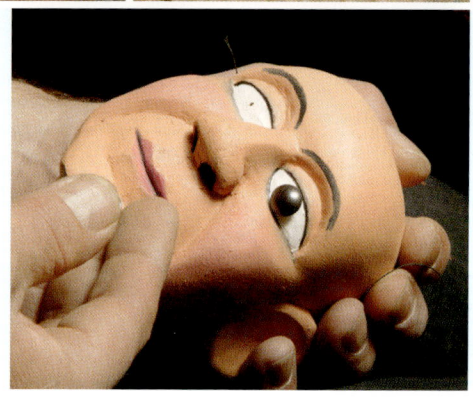

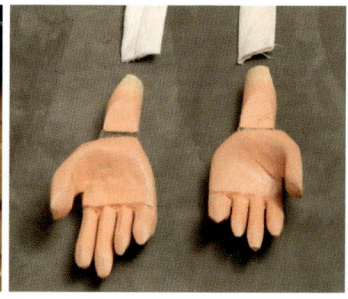

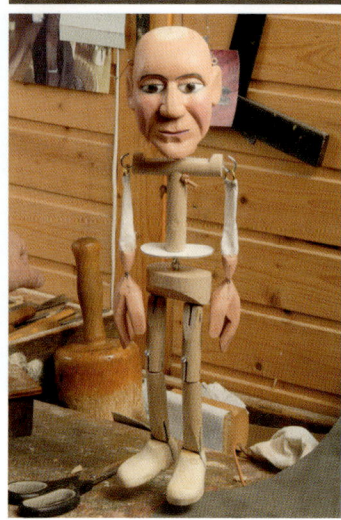

Im letzten Arbeitsschritt fügt Jürgen Marschall die einzelnen Gliedmaßen zusammen. Das Schulter-Körper-Kreuz wird unten mit einem Pappstück auf Hüftbreite gebracht, in die Schultern wird eine Vertiefung geschnitzt, damit der Kopf gefälliger aufsitzt. Dann werden das Kreuz und das Hinterteil mit den Beinen beweglich mit Ringschrauben ineinander gehängt. Die Oberarme bestehen aus Stoff; an einer Seite wird ein Metallring, an der anderen Seite der Unterarm angebracht. Auch zwischen dem Schulter-Körper-Kreuz und den Armen sowie dem Kopf befinden sich Ringschrauben.

Jürgen Marschalls Werk ist hiermit beendet, denn ums Einkleiden und die Frisur kümmert sich die Schneiderei der Puppenkiste. Jede Puppe bekommt ihre Kleidung auf den Leib geschneidert und eine typgerechte Frisur verpasst. Es kommt auch vor, dass eine Figur in einer neuen Rolle eingesetzt wird. Dann wird sie komplett neu eingekleidet.

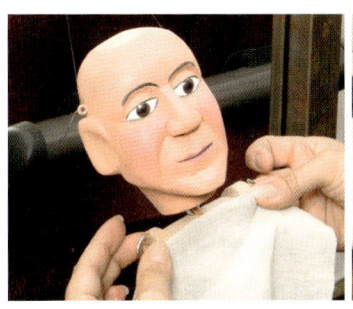

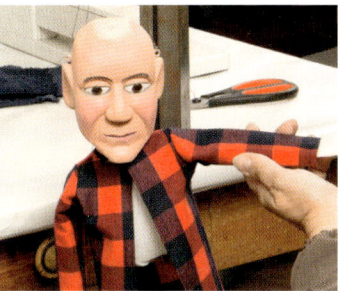

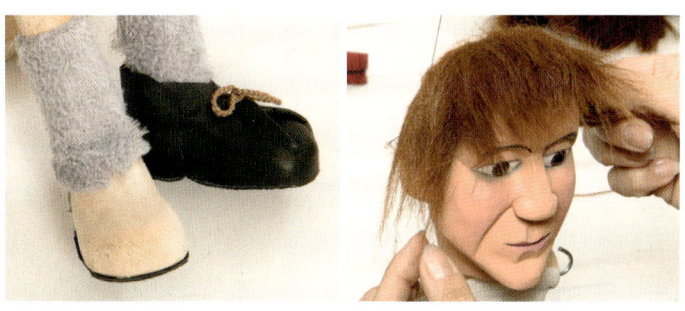

Zuerst polstert die Schneiderin Priska Seehofer den Oberkörper der Figur mit Stoff auf. Wir erinnern uns: Das muss sie nur bei männlichen Figuren machen, denn bei den weiblichen hat Jürgen Marschall den Oberkörper aus Holz geschnitzt. Dann wird Maß genommen und die Puppe bekommt Schuhe, Strümpfe, Hose und Hemd angepasst. Außerdem erhält sie, außer es handelt sich um einen Glatzkopf, Haare. Zum Schluss noch ein maßgeschneidertes Käppchen und fertig ist der sympathische Wolfgang.

116

VORLAGEN

117

118

Zwerg Nase-Mobile
Seite 92

Kragen 6 x

Zauberer Hut

Sockendrache Trief Aug
Seite 22

2 x

Blatt

Blatt

Zähne 2 x

Hotzenplotz
Seite 12

Petrosilius
Zwackelmann
Seite 12

Schnupf-
tabak

Schnupf-
tabak

120

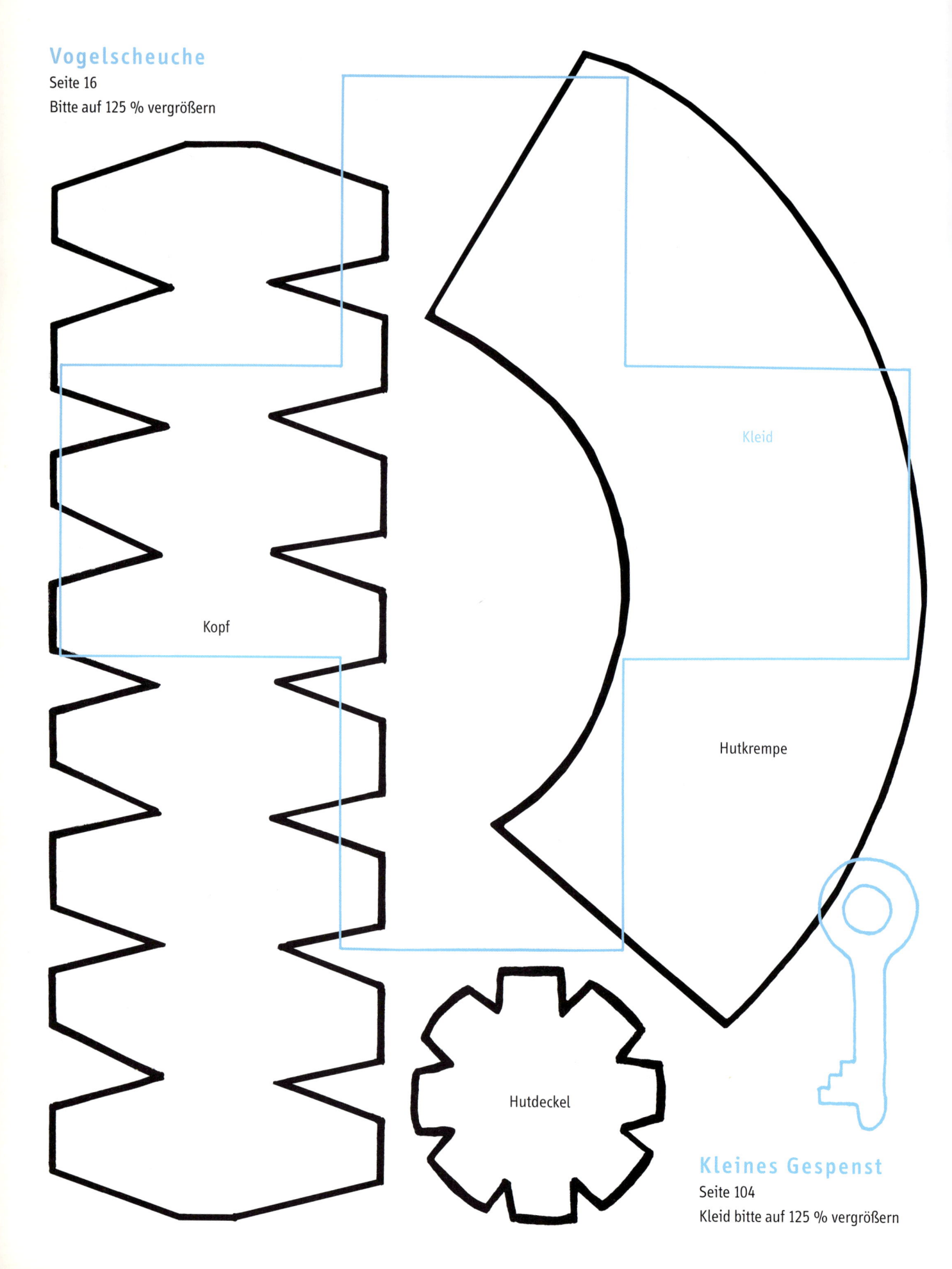

Vogelscheuche
Seite 16
Bitte auf 125 % vergrößern

Kopf

Kleid

Hutkrempe

Hutdeckel

Kleines Gespenst
Seite 104
Kleid bitte auf 125 % vergrößern

Papiertheater So Hi & das weiße Pferd

Seite 26

Figuren bitte auf 190 % vergrößern

Theater bitte auf 380 % vergrößern

122

Rabe Abraxas
Seite 42

Gummiband

Schnabel

Schnabel

Flügel
2 x

123

Handfaden
(angezogen)

Kopffaden

Kopffaden

Handfaden

Handfaden

Flaschengeist Dschinni
Seite 46

Dergl
Seite 98

124

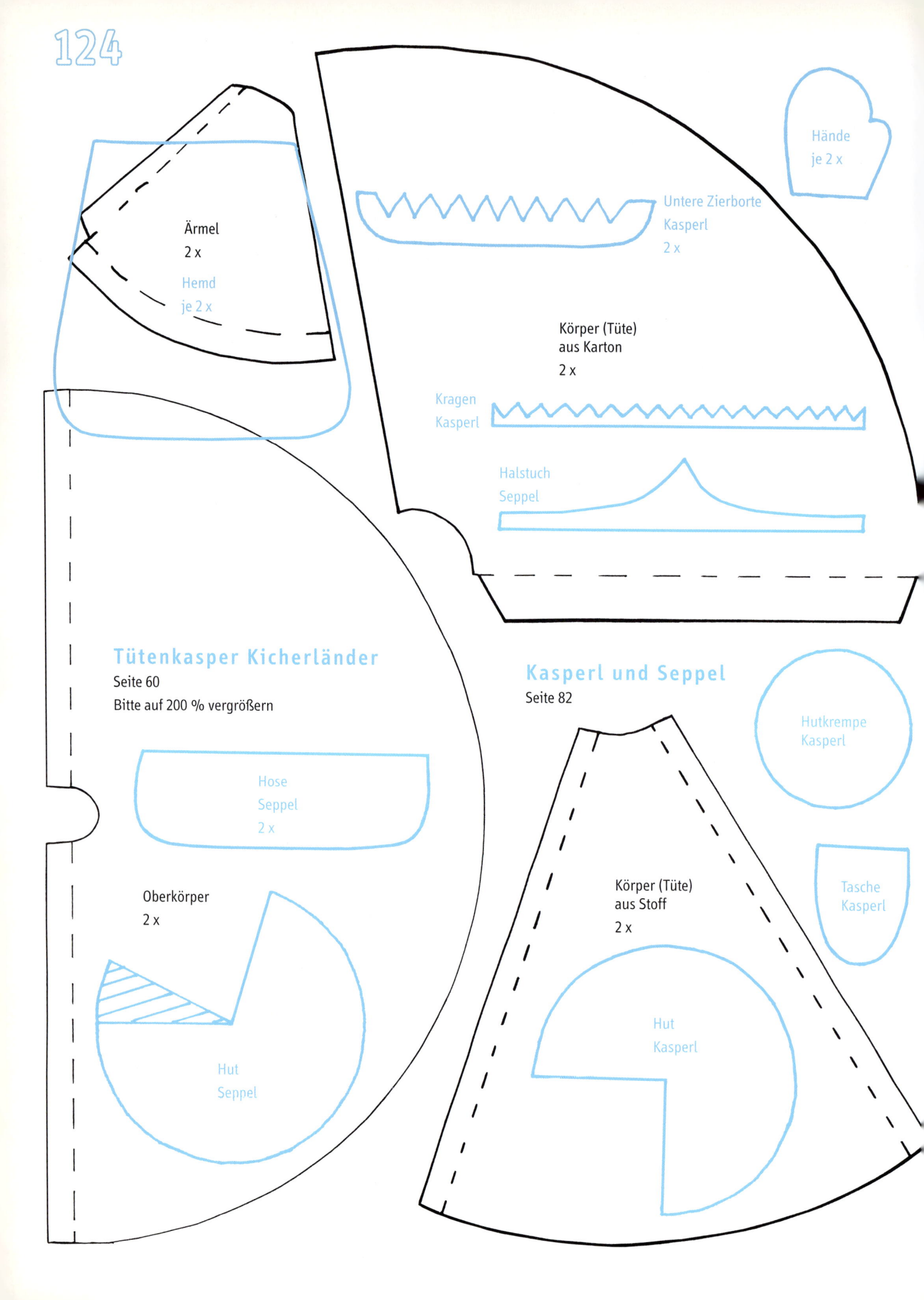

Ärmel
2 x

Hemd
je 2 x

Hände
je 2 x

Untere Zierborte
Kasperl
2 x

Körper (Tüte)
aus Karton
2 x

Kragen
Kasperl

Halstuch
Seppel

Tütenkasper Kicherländer
Seite 60
Bitte auf 200 % vergrößern

Hose
Seppel
2 x

Oberkörper
2 x

Hut
Seppel

Kasperl und Seppel
Seite 82

Hutkrempe
Kasperl

Tasche
Kasperl

Körper (Tüte)
aus Stoff
2 x

Hut
Kasperl

125

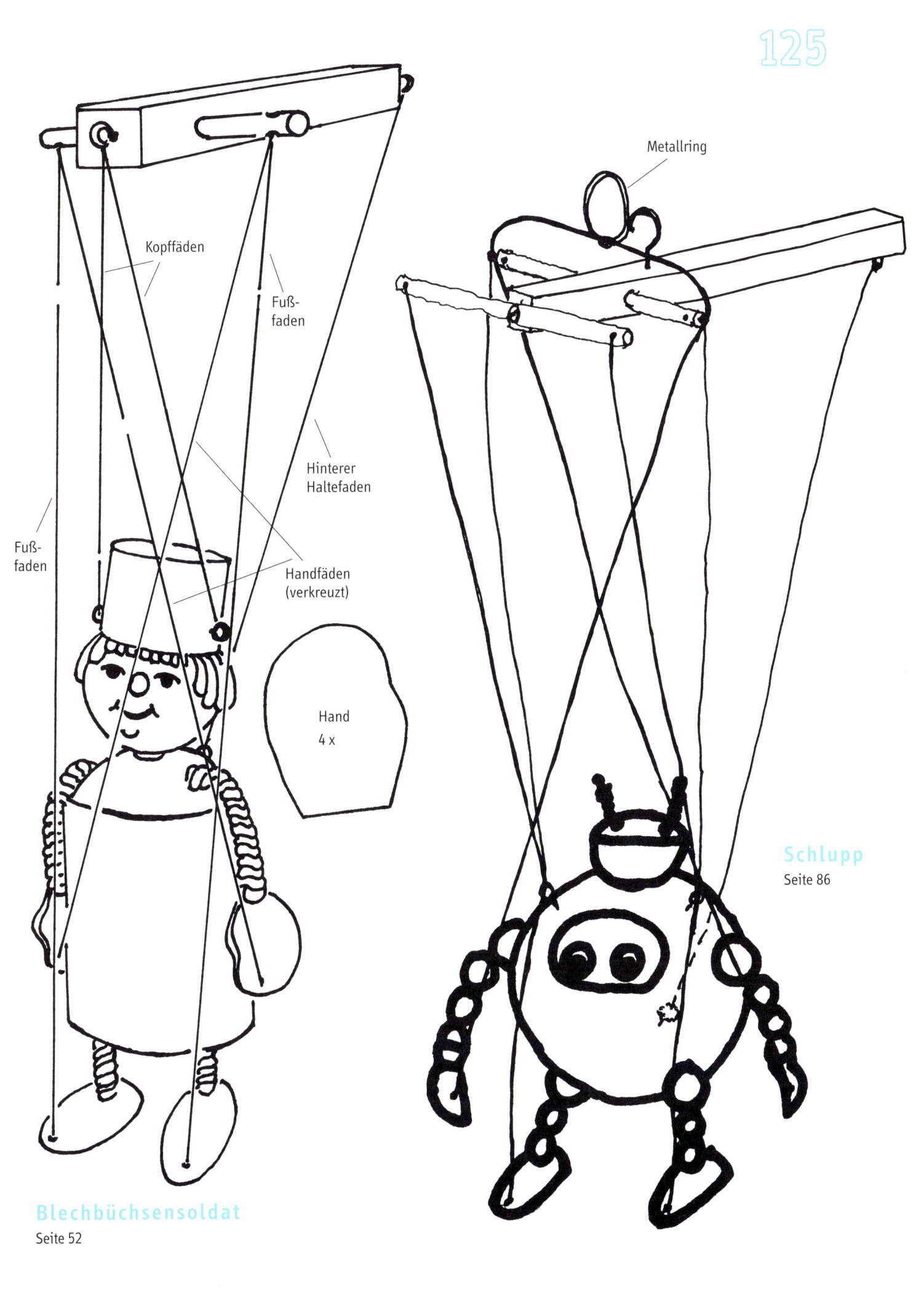

Kopffäden

Fuß-
faden

Metallring

Hinterer
Haltefaden

Fuß-
faden

Handfäden
(verkreuzt)

Hand
4 x

Schlupp
Seite 86

Blechbüchsensoldat
Seite 52

126

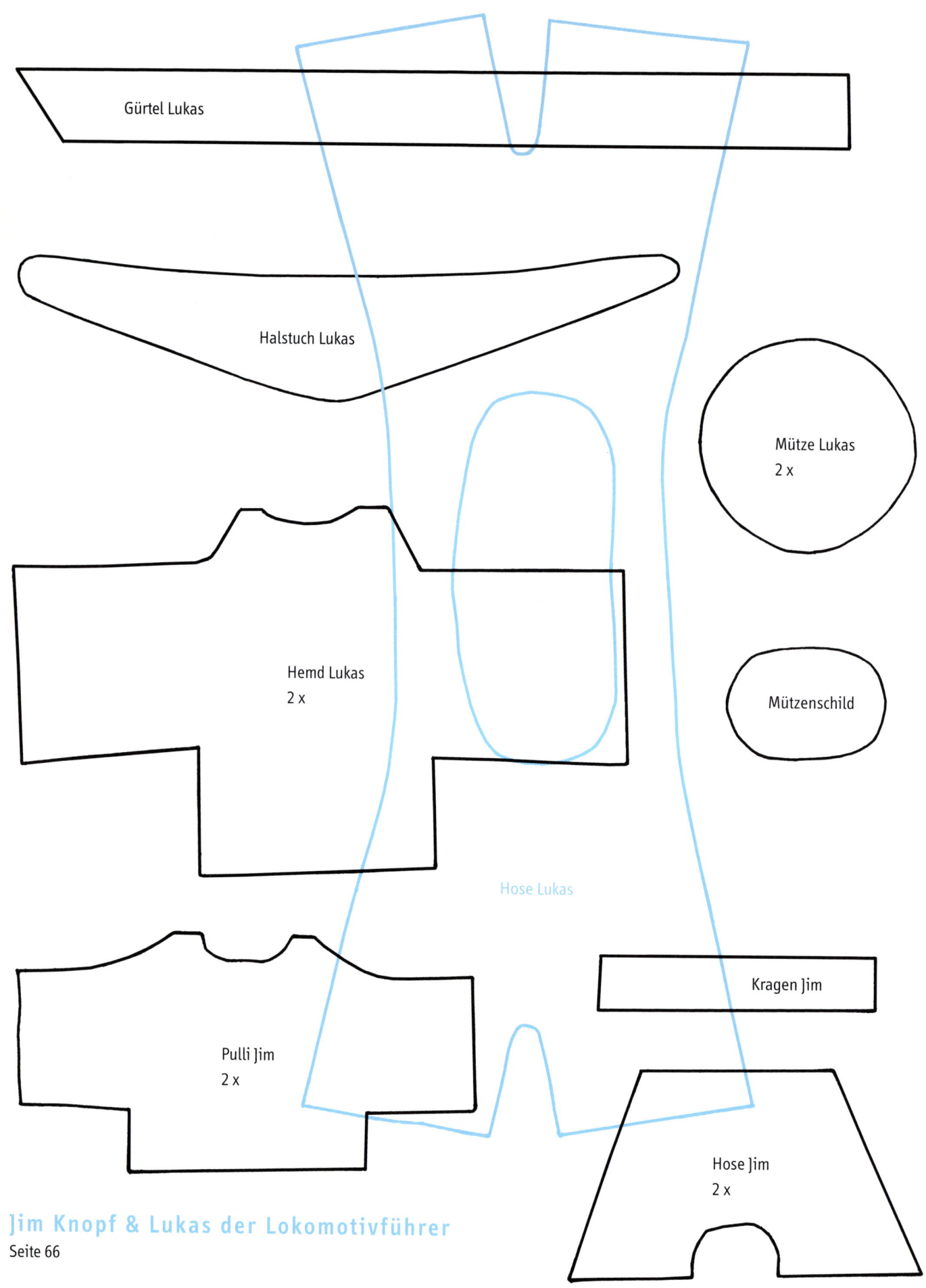

Gürtel Lukas

Halstuch Lukas

Mütze Lukas
2 x

Hemd Lukas
2 x

Mützenschild

Hose Lukas

Pulli Jim
2 x

Kragen Jim

Hose Jim
2 x

Jim Knopf & Lukas der Lokomotivführer
Seite 66

Schneemann
Seite 76

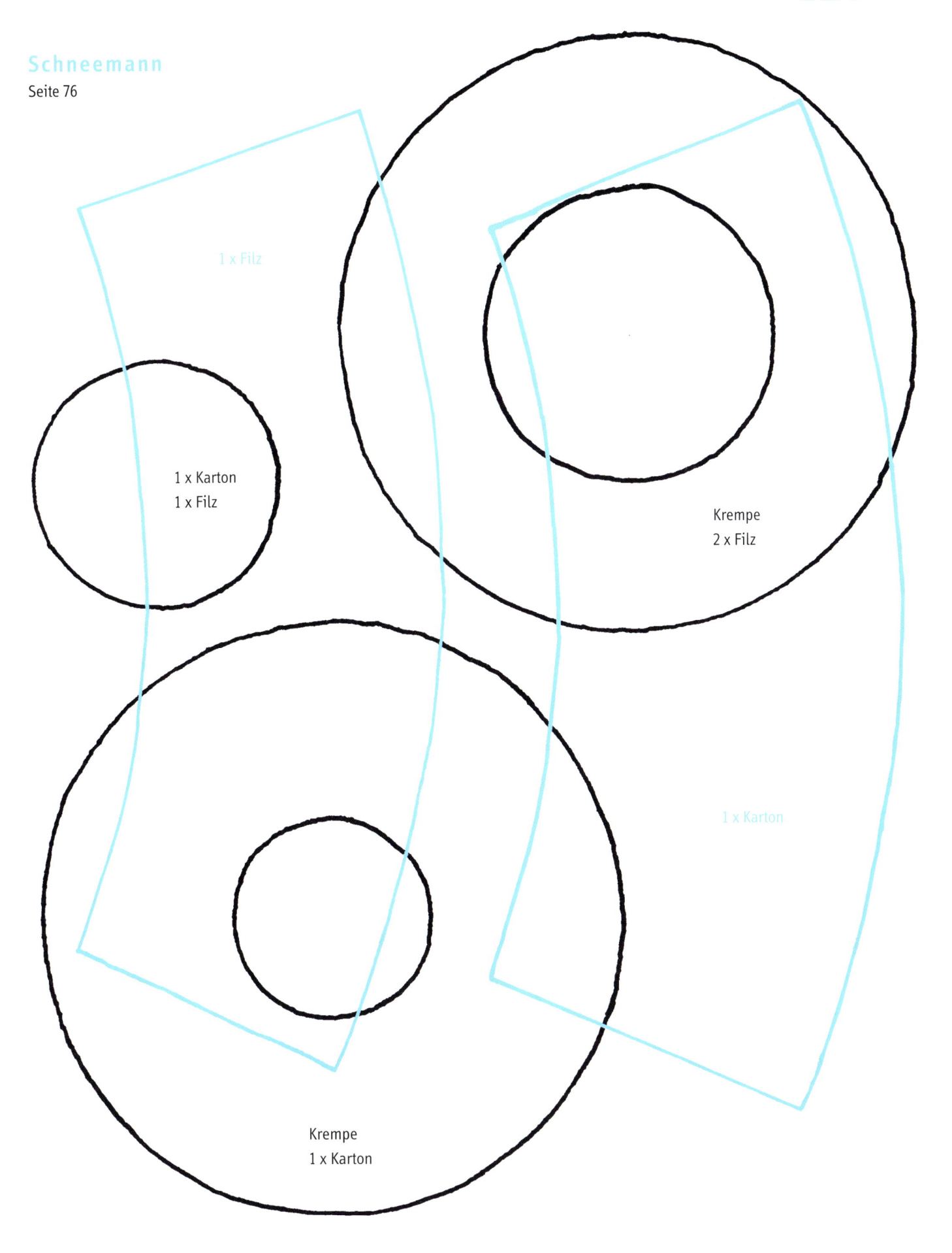

127

1 x Filz

1 x Karton
1 x Filz

Krempe
2 x Filz

1 x Karton

Krempe
1 x Karton

Schneemann
Seite 76

128

Lokomotive Emma

Seite 72

Spannriemen für Schlot
3 x

Puffer
2 x

Rad
4 x

Aufbau für Kessel

Führerhaus
Bitte auf 150 %
vergrößern

Vordere Blende für Unterbau

Seitenblende für Unterbau
2 x

Spannriemen für Kessel 3 x

129

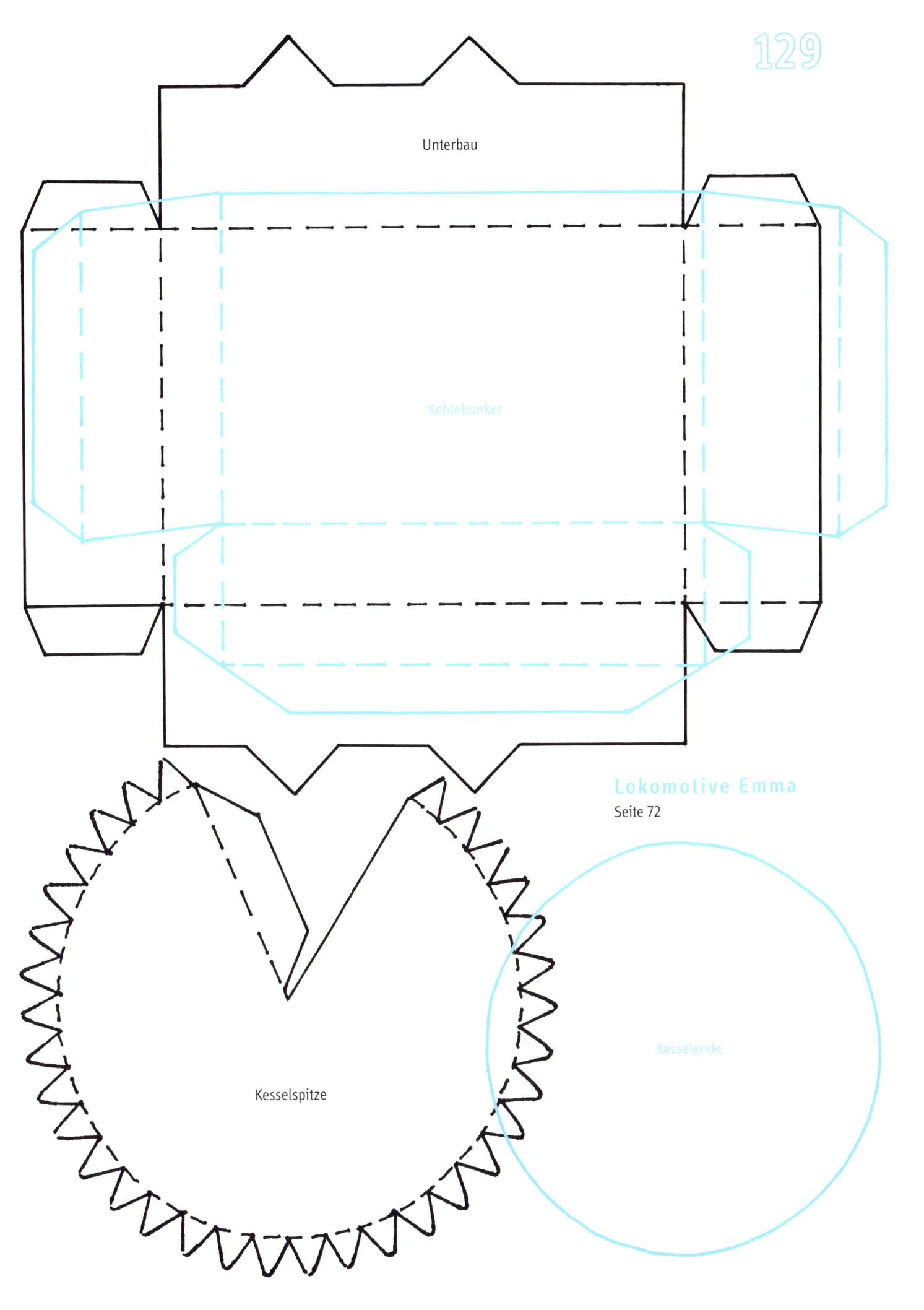

Unterbau

Kohlebunker

Lokomotive Emma
Seite 72

Kesselspitze

Kesselende

die KISTE

Der Shop

Spitalgasse 15   D-86150 Augsburg
Telefon: (0821) 15 98 003   Telefax: (0821) 15 98 005
www.shop.puppenkiste.com   shop@puppenkiste.com

Für Klein und Groß: Die schönsten Geschichten der Augsburger Puppenkiste auf DVD

DVD-Tipps für Sie

Die Augsburger Puppenkiste ist die schönste Kindheitserinnerung des deutschen Fernsehens. Klassiker wie „Jim Knopf und Lukas", „Kleiner König Kalle Wirsch", „Kater Mikesch" u.v.m. sind bereits im Handel erhältlich. Ab 18. August 2006 erwarten Sie die Neuheiten der Augsburger Puppenkiste.

Sonderedition ab 28.09.2006

Ein echter Goldschatz für alle Fans der Augsburger Puppenkiste. Zehn DVDs mit fast 24 Stunden bislang unveröffentlichter Aufnahmen der Augsburger Puppenkiste. Darunter viele aufwändig restaurierte SW-Originalaufnahmen (bis 1965) mit Jim Knopf, der Muminfamilie, Kater Mikesch und Co.

Die Augsburger Schatzkiste
10 DVDs, Laufzeit ca. 1380 Minuten
ISBN: 3-89844-153-9

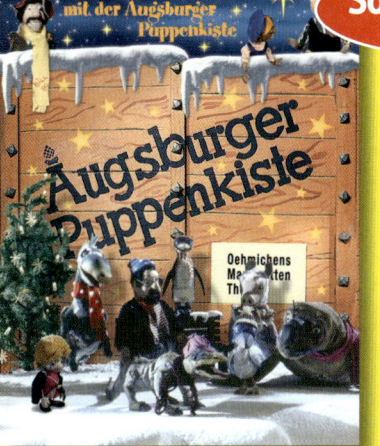

Sonderedition ab 28.09.2006

Die Weihnachtsedition – vier traumhaft schöne Weihnachtsgeschichten aus der Augsburger Puppenkiste auf zwei DVDs im Digipak.

Weihnachten mit der Augsburger Puppenkiste,
4 Geschichten auf 2 DVDs,
Laufzeit ca. 250 Minuten
ISBN: 3-89844-173-3

Neu: ab 18.08.2006

Der Prinz von Pumpelonien
ISBN: 3-89844-170-9

Die vergessene Tür und Die Wetterorgel
ISBN: 3-89844-168-7

Drei Dschungeldetektive
ISBN: 3-89844-169-5

Die Musemsratten (1-9)
ISBN: 3-89844-171-7

hr MEDIA **Lighthouse HOME ENTERTAINMENT**

Mehr Infos unter: www.lighthouse-kg.com / contact@lighthouse-kg.com

IMPRESSUM

MODELLE:
Ensemble der Augsburger Puppenkiste: Carsten Gardner (Blechbüchsensoldat, Emma), Andrea Graf (Teufelsmaske und -handschuhe, Flaschengeist Dschinni), Hans Kautzmann (Jim und Lukas, Schlupp), Sabine Mittelhammer (Papiertheater, Zwerg Nase-Mobile), Judith Scherer (Sockendrache Trief Aug, Kasperl und Seppel, Dergl), Stefan Schmieder (Hotzenplotz und Petrosilius Zwackelmann), Renate Schneider (Vogelscheuche), Martin Stefaniak (Rabe Abraxas), Susanne Striedl (Tütenkasper Kicherländer), Andreas Ströbl (Schneemann).
Praktikanten: Nadja Kneißl, Kai Mühlberger (Nachbau von Abraxas und Flaschengeist), Katrin Stepp (kleines Gespenst).

NACH ORIGINAL-ILLUSTRATIONEN:
Hotzenplotz und Petrosilus Zwackelmann Seite 12-15: Illustration von F.J. Tripp aus: Otfried Preußler, Der Räuber Hotzenplotz © 1962 by Thienemann Verlag (Thienemann Verlag GmbH), Stuttgart – Wien.

Rabe Abraxas Seite 42-45 und Schneemann Seite 76-81: Illustration von Winnie Gebhardt aus: Otfried Preußler, Die kleine Hexe © 1957 by Thienemann Verlag (Thienemann Verlag GmbH), Stuttgart – Wien.

Blechbüchsensoldat Seite 52-59: Illustration von Horst Lemke aus: Max Kruse, Don Blech und der goldene Junker © 1995 by Thienemann Verlag (Thienemann Verlag GmbH), Stuttgart – Wien.

Jim Knopf und Lukas sowie Emma Seite 66-75: Illustration von F.J. Tripp aus: Michael Ende, Jim Knopf und Lukas der Lokomotivführer © 1960 by Thienemann Verlag (Thienemann Verlag GmbH), Stuttgart – Wien.

Schlupp Seite 86-91: Illustration von Brian Bagnall aus: Ellis Kaut, Schlupp vom grünen Stern, © 1985 by Lentz-Verlag, mit freundlicher Genehmigung des Kosmos Verlags, Stuttgart.

Das kleine Gespenst Seite 104-107: Illustration von F.J. Tripp aus: Otfried Preußler, Das kleine Gespenst © 1966 by Thienemann Verlag (Thienemann Verlag GmbH), Stuttgart – Wien.

PROJEKTMANAGEMENT, TEXT UND LEKTORAT:
Katrin Gerweck

LAYOUT: Petra Theilfarth

FOTOS:
Archiv Augsburger Puppenkiste
(Familie Marschall Seite 111);
Elmar Herr, Kissing (alle übrigen)

DRUCK UND BINDUNG:
Neografia, Slowakei

Materialangaben und Arbeitshinweise in diesem Buch wurden von den AutorInnen und den Mitarbeitern des Verlags sorgfältig geprüft. Eine Garantie wird jedoch nicht übernommen. AutorInnen und Verlag können für eventuell auftretende Fehler oder Schäden nicht haftbar gemacht werden. Das Werk und die darin gezeigten Modelle sind urheberrechtlich geschützt. Die Vervielfältigung und Verbreitung ist, außer für private, nicht kommerzielle Zwecke, untersagt und wird zivil- und strafrechtlich verfolgt. Dies gilt insbesondere für eine Verbreitung des Werkes durch Fotokopien, Film, Funk und Fernsehen, elektronische Medien und Internet sowie für eine gewerbliche Nutzung der gezeigten Modelle. Bei Verwendung im Unterricht und in Kursen ist auf dieses Buch hinzuweisen.

Auflage: 5. 4. 3. 2. 1.
Jahr: 2010 2009 2008 2007 2006 [Letzte Zahlen maßgebend]
© 2006 frechverlag GmbH, 70499 Stuttgart

ISBN 10: 3-7724-5035-0
ISBN 13: 978-3-7724-5035-8
Best.-Nr. 5035

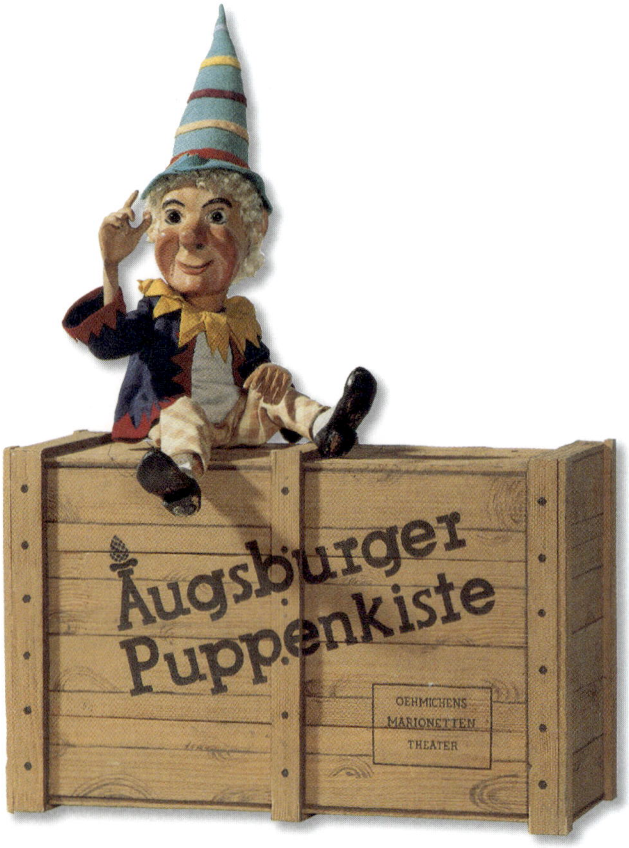
Augsburger Puppenkiste
OEHMICHENS
MARIONETTEN
THEATER